U0870139

2023年度重庆市教委人文社会科学研究项目——数字经济视域下
“思创融合”创新创业指导路径研究（项目编号：23SKSZ073）

数字经济时代创新创业教育与实践研究

张伟东　尹　丽　李　露　著

东北大学出版社
·沈　阳·

图书在版编目（CIP）数据

数字经济时代创新创业教育与实践研究 / 张伟东，尹丽，李露著. — 沈阳：东北大学出版社，2023.11
ISBN 978-7-5517-3429-5

Ⅰ. ①数… Ⅱ. ①张… ②尹… ③李… Ⅲ. ①创造教育—研究 Ⅳ. ①G40-012

中国国家版本馆CIP数据核字（2023）第216959号

出 版 者：东北大学出版社
地址：沈阳市和平区文化路三号巷11号
邮编：110819
电话：024-83687331（市场部）　83680267（社务部）
传真：024-83680180（市场部）　83687332（社务部）
网址：http://www.neupress.com
E-mail:neuph@neupress.com
印 刷 者：辽宁一诺广告印务有限公司
发 行 者：东北大学出版社
幅面尺寸：170 mm × 240 mm
印　　张：13
字　　数：243千字
出版时间：2023年11月第1版
印刷时间：2024年1月第1次印刷
策划编辑：杨世剑
责任编辑：王　旭
责任校对：张庆琼
封面设计：潘正一

ISBN 978-7-5517-3429-5　　定　价：78.00元

前言

党的二十大报告中指出："加快发展数字经济，促进数字经济和实体经济深度融合。"数字经济的创新驱动实质是创新创业人才驱动，人才短缺是制约数字经济发展的重要因素之一。数字经济的创新发展，需要造就数以亿计符合新发展理念、具有坚定理想信念、适应数字经济发展、具备数字化知识结构和数字化动手能力的创新创业型人才。全国高校思想政治工作会议中提出要把思想政治工作贯穿教育教学全过程，推动创新创业教育与专业教育、思想政治教育紧密结合。《中共中央 国务院关于全面加强新时代大中小学劳动教育的意见》中也强调，高校要注重围绕创新创业，结合学科、专业特点，将劳动教育有机纳入创新创业教育，使大学生增强诚实劳动意识，积累职业经验，提升就业创业能力。高校在开展创新创业教育过程中，需要以数字经济产业发展为导向，不断完善和优化教育指导体系，将"思创融合""劳创融合"理念融入人才培养研究全过程。

虽然很多研究者在创新创业教育理论体系方面做了一些研究，但是其大多都把创新创业教育作为单一的学科进行研究。在数字经济时代背景下，将思想政治教育、劳动教育与创新创业教育相结合的研究还比较少，这也是我国大学生创新创业教育研究的薄弱之处。

本书共分八章，分别为数字经济推动创新创业教育发展、新发展需要创新创业思维与方法、创新创业的团队建设与资源整合、创新创业教育协同机制、创新创业教育改革的实践路径、思想政治教育与创新创业、劳动教育与创新创业融合发展、"互联网＋"创新创业实践探索。本书论述严谨，结构合理，条理清晰，能够为当前的思想政治教育、劳动教育与创新创业教育融合发展相关理论的深入研究提供借鉴。

本书由重庆对外经贸学院教师张伟东、尹丽、李露共同撰著完成，张伟东负责统稿工作。在本书撰著过程中，参考了许多专家学者的研究成果，在此表示感谢。同时，由于著者水平有限，本书中不免存在一些不足之处，望广大读者能够多提宝贵意见。

著　者

2023年10月

目录

第一章
数字经济推动创新创业教育发展

第一节　数字经济与知识管理

数字经济（digital economy）已经成为引领全球经济增长的重要引擎，它是技术变革背景下的互联网、大数据、人工智能等新兴技术，尤其是信息技术与经济社会各个方面深度跨界融合而产生的结果。数字经济对经济发展和社会进步产生了深刻影响，引起了世界各国的普遍关注。发达国家和发展中国家都十分重视数字经济的发展，把加快推进信息化作为经济和社会发展的战略任务。

数字经济是推动经济发展“质量变革、效率变革、动力变革”的“加速器”，已成为我国重要的发展战略。近年来，数字经济快速发展，各项指标位居世界前列，数字技术与传统经济持续融合，已成为名副其实的数字经济大国。数字经济已经变成全国经济增长的新动能。面对数字经济飞速发展的新形势、新任务和新挑战，创新创业管理必然要发生重要变革，才能适应数字经济发展的需要。

一、数字经济概念的起源、内涵及基本特征

目前学术界对数字经济的内涵还没有统一的界定。从字面意思来理解，数字经济就是在数字技术基础上形成的经济，是数据信息在网络中流行而产生的一种经济活动。多数专家认为，数字经济是一个经济系统，在这个系统中，数字技术被广泛使用，并由此推动了整个经济环境和经济活动的根本变化。数字经济也被定义为由信息技术革新驱动的经济增长，包括内涵和外延两部分。就内涵而言，电信、计算机、通信设备等信息技术相关的行业本身就是数字经济的一部分；就外延而言，由信息技术革新带来的新商业模式、新生活方式等，都属于数字经济。

（一）数字经济概念的起源

20世纪90年代，加拿大学者唐·泰普斯科特（Don Tapscott）和美国学者尼古拉斯·尼葛洛庞帝（Nicholas Negroponte）系统地研究了互联网的出现和演化对全球经济社会带来的冲击与影响。其中，1995年，泰普斯科特的著作《数据时代的经济学》出版；1996年，尼葛洛庞帝的著作《数字化生存》出版。在这些著作中，他们较早地提及了数字经济的内涵。例如，泰普斯科特首次提到数字经济时代，并前瞻性地提出了各行业企业数字化转型的路线图，包括数字化创意开发、数字化流程实施、数字化产品设计、数字化制造和营销、数字支持型产品销售等方法。尼葛洛庞帝认为，“数字化生存是以信息技术为基础的新的生存方式”，在数字化环境中，生产力要素的数字化渗透、生产关系的数字化重构、经济活动的全面数字化等呈现出一种全新的社会生活方式。

数字经济发展真正进入黄金时代，是智能手机和移动互联网的出现与快速渗透。伴随移动接入端的快速膨胀，全球范围内的网络连接产生了巨大的数据量，催生了云计算、大数据等海量数据分析技术及处理平台，对经济社会发展中产生的海量数据进行分析和提炼，形成有价值的知识，并在经济社会发展中使用，产生了大量的新业态、新模式，可以统称为“数字经济”。

（二）数字经济的内涵

数字经济是指互联网发展到成熟阶段后产生的经济形态，其已经超越了信息产业范围与互联网技术范畴，具有更加丰富的内涵。但理解数字经济需把握两个关键：一是互联网、云计算、大数据、物联网、金融科技与其他新数字技术应用于信息的采集、存储、分析和共享过程，改变了社会互动方式，也成为数字经济的技术基础；二是数字化、网络化、智能化的信息通信技术使现代经济活动更加灵活、敏捷、智慧，同时改变了企业传统的创新创业方式，如“互联网+创新创业”“虚拟环境+创新创业”等。

1. 数据成为驱动经济增长的关键生产要素

随着大数据和云计算等的融合，物联网迅速发展，实现了人与人、人与物、物与物的互联互通，导致数据量呈现爆发式增长。庞大的数据量及其处理和应用需求催生了“大数据”概念，数据日益成为重要的战略资产。数据的价值甚至被认为已经超过石油，成为数字经济中的“货币”。

2. 数字经济是一种基础设施

在工业经济时代，经济活动架构在以“铁公机”（铁路、公路和机场）为代表的物理基础设施之上。数字技术出现后，网络和云计算成为必要的信息基础设施。随着数字经济的发展，数字基础设施的概念更广泛，既包括信息基础设施，也包括对物理基础设施的数字化改造。数字经济不仅体现在技术层面和工具层面的变革，而且是一种网络化的基础设施，与工业经济时代建立在电力、交通等物理基础设施之上一样，未来经济社会的发展可能会建立在数字基础设施之上，传统基础设施在物联网技术支撑下，也会全面实现数字化，进入万物互联时代。

3. 数字经济是一种技术经济范式

数字技术具有基础性、广泛性、外溢性、互补性等特征，将为经济社会带来新一轮跨越式发展和变迁，推动经济效率大幅提升，引发基础设施、关键投入、主导产业、管理方式、国家调节体制等经济社会最佳惯行方式的变革。数字经济技术范式具有三大特征：数字化的知识和信息是最重要的经济要素，数字技术有非常强烈的网络化特征，数字技术重塑了经济与社会。

（三）数字经济的基本特征

数字经济受到三大定律的支配。第一个定律是梅特卡夫定律：一个网络的价值等于其节点数的平方。所以网络上联网的计算机越多，每台计算机的价值就越大，“增值”以指数关系不断变大。第二个定律是摩尔定律：计算机硅芯片的处理能力每18个月就翻一番，而价格以减半数下降。第三个定律是达维多定律：进入市场的第一代产品能够自动获得50%的市场份额，所以任何企业在本产业中必须第一个淘汰自己的产品。实际上，达维多定律体现的是网络经济中的马太效应。架构在新的数字技术基础设施之上的数字经济2.0具有数字化、平台化、普惠化及跨界融合的特征。

1. 数字化

数字经济最重要的特征就是高度数字化。“数字经济”中的“数字”根据数字化程度不同，可以分为三个阶段：信息数字化、业务数字化、数字转型。数字转型是目前数字化发展的新阶段，指数字化不仅能扩展新的经济发展空间，促进经济可持续发展，而且能推动传统产业转型升级，促进整个社会转型发展。在工业经济时代，企业以信息技术为核心实现数字化，数据的流动及在线范围有限，数据应用场景主要局限在以自我为中心的小的生态圈之中。在数字经济时代，数据的流动与共享推动着商业流程跨越企业边界，编织起全新的生态网络与价值网络。

2. 平台化

平台是数字经济2.0的基础。依托“云网端”新基础设施，互联网平台创造了全新的商业环境。信息流不再被工业经济供应链体系中的巨头所阻隔，供应商和消费者的距离大大缩短，沟通成本大大降低，直接促进了大规模协作的形成。信息的透明使得企业信用不需要和规模挂钩，各种类型、各种行业的中小企业通过接入平台获得了直接服务消费者的机会。从“物种”来讲，成熟的数字经济2.0平台上的“物种”极为丰富。以阿里巴巴集团为例，该平台为买卖双方提供了基础、标准的服务，大量个性化的商业服务由生态系统内各种各样的服务商提供。

3. 普惠化

数字经济“人人参与、共建共享”的特点，有利于实现普惠科技、普惠金融和普惠贸易。在科技领域，以云计算为代表的按需服务的业务形态，使得个人及各类企业可以用很低的成本轻松获得所需要的计算、存储和网络资源，而不再需要购买昂贵的软硬件产品和网络设备，大大降低了技术门槛。在金融领域，以互联网信用为基础的新型信用评分模型，对于普惠金融的实现具有不可替代的作用。通过大数据统计的概率计算，可以使不同风险的个体得到精准的风险评估，从而能够匹配差异化的金融信贷服务，让更多的个体享受到适合其各自风险特质的金融信贷服务。

4. 跨界融合

随着数字经济的发展，跨界融合的特点日益突出。一是供给方和需求方的界限日益模糊，逐渐成为融合的“产消者”。在供给方面，企业可以通过大数据技术挖掘用户需求、分析用户的消费行为和习惯，有针对性地开发产品。在需求方面，透明度增加、消费者参与和消费新模式的出现，使企业不得不改变原来的设计、推广和交付方式。二是人类社会网络世界和物理世界日益融合。数字技术与物理世界的融合，也使得现实物理世界的发展速度向网络世界靠近，通过无处不在的环境感知、嵌入式系统、网络通信和网络控制等系统工程，使人们身边的各种物体具有计算、通信、精确控制、远程协作和自组织功能，使计算能力与物理系统紧密结合与协调。通过人类与物理世界的交互方式创新，实现和优化人机互动与协作，模糊物理世界、网络世界和人类社会之间的界限，以构建一个互联互通的新世界。

二、知识管理战略与学术团队创业

在数字经济时代，知识作为关键战略资源和核心资产，对数字经济发展起着重要作用。知识管理战略是数字经济时代的新兴管理方法，以组织内外部的知识作为重要的资源并进行管理为目的，其核心流程是知识获取、知识整合、知识创新和知识应用。

（一）知识管理概述

知识既是知识管理的对象，也是知识管理的基础。一般来讲，根据知识描述的难易程度，以及它能否被清晰地表述和有效地转移，可以把知识分为两种类型：一种是显性知识（explicit knowledge），它容易被描述；另一种是隐性知识（tacit knowledge），它通常不容易被人们发现或描述。知识管理作为一项活动早已存在，起初并不为世人所重视，直到美国管理学大师彼得·德鲁克（Peter F.Drucker）用"知识管理"来形容企业的知识活动过程。经过数十年的研究发展，不同学者对知识管理提出了各自不同的见解。美国达文波特（Davenport）认为，知识创造和利用是知识管理的两个重要类别。奎达斯（P. Quitas）认为，知识管理是通过对知识的管理，满足今后各种层次需要的连续过程。国内一些学者认为，知识管理是整合组织的资源、技术、市场和战略，共同致力于组织的发展；知识管理的基础是信息管理，但是知识管理要求把信息、活动和人三个方面连接起来，结合组织所处的不同环境，提升组织的竞争能力和竞争优势。显然，知识管理是生产和利用知识的过程，是连续的、动态协同的过程；知识管理需要与外界进行持续的知识交流互动；在知识管理过程中，需要与人进行充分的联系与沟通。

（二）知识管理战略对学术团队创业绩效的影响

创业是推动数字经济发展的根本途径。在创业领域，学术团队创业对数字经济发展具有突出的价值与意义。学术团队通常掌握高新技术，具有突出的创新创业能力。高校学术团队开展创业活动需要持续的知识创新，其过程具有典型的知识管理特点。学术团队创业可以通过对大数据的获取、数据的清洗与沉淀、显性知识和隐性知识的转换与分享、知识的应用与创新，形成并保持团队的核心竞争力，提升创业绩效。因此，制定并实施科学的知识管理战略，成为高校学术团队创业的重要课题。为此，研究知识管理战略对高校学术团队创业绩效的影响机制，能够为高校学术团队创业提供参考和借鉴。

（三）数字化知识管理平台建设

根据上述研究结论，高校应基于互动的视角，探索搭建数字化知识管理平台，融合“以人为中心”“以技术为中心”的知识管理战略，实施组织学习机制，促进知识的获取、沉淀、共享、应用和创新，提升高校学术团队创业绩效。

1. 以数字化融合“以人为中心”“以技术为中心”的知识管理战略

知识管理是对知识转换过程的管理，其内在机制是借助知识管理平台，以知识的获取、沉淀、共享、应用和创新等知识循环运转规律为基础，在组织中建构一个人文与技术兼备的知识系统，实施“大数据（知识）获取→数据清洗与沉淀→显性知识和隐性知识转换、分享→知识应用、创新”这一流程。随着学术团队知识管理的不断发展，打造适应互联网时代的知识管理平台、构建全面协同创新的模式，有助于为高校学术团队创业提供移动化、网络化、开放式的知识服务，从而实现基于知识管理的协同创新。

数字化知识管理平台包括基础平台层、数据层、应用服务层、应用功能层、展现层。在基础平台层中，数据获取与清洗是基础，“互联网+数据”和“学术团队内部数据”的相互融通是关键。通过基础平台建设，形成文档库、产品库等知识仓库。在此基础上，可以进行应用开发，包括知识搜索、知识创造、知识商业化等。展现层通过建立学术团队的知识管理门户网站，展现知识管理平台的主要功能。其中，基础平台层、数据层、应用服务层以技术为中心，应用功能层以人为中心，两者互动融通。在应用功能层，建设的文档中心、项目中心、学习中心、客服中心及“我的知识协同圈”等，既蕴含数字化、信息化技术，又体现以人为本、互动融合的理念与操作机制。

2. 以“智慧化、场景化”促进知识共享与创造

充分运用现代信息技术手段，突显智慧化，优化以技术为中心的知识管理战略；实施“人机互动”“知识社区互动”，突显场景化，优化以人为中心的知识管理战略，促进知识共享与创造。

（1）知识积累阶段。

建立知识仓库，获取、清洗数据，同时方便研发人员将知识积累到知识仓库。一是在PC（个人计算机）端和移动端都可以随时将知识储存到学术团队的知识仓库；二是在研发工作场景（如研讨会议、科学实验、团队科研攻关、QQ群和微博交流等）中积累知识，让所产生的各类文档有意识或无意识地进入知识仓库。

（2）知识分享阶段。

一是建立学术团队内部知识搜索引擎、提供快捷的移动端“微搜”功能和“一站式”搜索，以及建立知识信息门户，让知识分享更加便捷高效；二是提供知识地图场景，将各类知识整合、排序、索引，形成知识创新理论阶段、产品开发阶段和商品化阶段不同的知识索引；三是通过建立即时通信工具、专家库、问题库搭建学术团队内部交流平台和机制，挖掘隐性知识并使之显性化。

（3）知识利用阶段。

将知识管理嵌入学术团队创业过程，既可以在团队创业流程中关联相关知识文档，也可以订阅定期发布的各类动态知识文档，并自动推送给科研人员，促进科研人员对知识进行筛选，把数据、文本、经验进行加工、提炼，形成高价值知识创业活动。

（4）知识创新阶段。

建立学术团队知识社区，通过组织内部“经常问到的问题”（frequently asked questions，FAQ）、任务协作交流区、“我的同事圈子”等，构成研发人员交流知识信息的社区平台，形成交流碰撞，推动知识创新，实现知识管理的智慧化、场景化。

第二节　创新创业教育的理论支撑

一、概念的界定

高校创新创业教育的核心，是要启蒙学生的创新意识和创业精神。这就需要了解创新型人才的素质要求，了解创新创业的概念、要素与特征等，掌握开展创新创业活动所需要的基本知识。

（一）创新

“创新”源于拉丁语，有三层含义：第一，更新；第二，创造新的东西；第三，改变。在使用之初，创新是一个经济词汇，由美籍奥地利经济学家约瑟夫·熊彼特（Joseph Alois Schumpeter）在著作《经济发展理论》中提出。

创新是以新思维、新发明和新描述为特征的一种概念化过程，在国外的有关文献中，并没有发现与“造型人才”或“创新人才”对等的概念。一些相关的概念，如“creative mind”“creative man”“creative thinking”等，大都是从心理学的角度研究创造性思维、创造性人格的特点。国外学者对创新人才的理解比较宽泛，大都是在强调人的个性全面发展的同时，突出对创新意识、创新能力的培养。美国心理学家乔伊·保罗·吉尔福特（Joy Paul Guilford）把富有创造性的人的人格特点概括为八个方面：有高度的自觉性和独立性，不肯雷同；有旺盛的求知欲；有强烈的好奇心，对事物的运动机制有深究的动机；知识面广，善于观察；工作中讲求理性、准确性与严格性；有丰富的想象力、敏锐的直觉，喜欢抽象思维，对智力活动与游戏有广泛兴趣；富有幽默感，表现出卓越的文艺天赋；意志品质出众，能排除外界干扰，长时间地专注于感兴趣的问题。

创新是指以现有的思维模式提出有别于常规或常人思路的见解，利用现有的知识和物质，在特定环境中，本着理想化需要或为满足社会需求而改进或创造新的事物、方法、元素、路径、环境，并能获得一定有益效果的行为。

创新是人类特有的认识能力和实践能力，是人类主观能动性的高级表现，是引领发展的第一动力。一个民族要想走在时代前列，就一刻也不能没有创新思维，一刻也不能停止各种创新。

（二）创业

“创业”与“企业家”这两个概念在意义上存在密切的联系。人们从多角度去理解“创业”时会发现，二者存在着性质、类别、范围和过程阶段等方面的差别。全球创业观察组织将创业定义为“依靠个人、团队或一个现有企业，来建立一个新企业。例如，自我就业、一个新的业务组织的成立或一个现有企业的扩张”。“创业”一词在中国同样具有悠久的历史和厚重的文化底蕴，它不仅代表着某类企业的创办，更重要的是指一种巨大的成就或贡献。

从以上组织或个人对“创业”所做的诠释来看，人们对创业存在着如下一些共识。

（1）创业是创造和创新的过程，包含开拓创新的意思，所以创业应该能够产生某种有价值的新事物或对地区、国家具有一定的积极影响。

（2）创业存在风险性，创业者需要有一定的承担和承受能力。

（3）创业成功者会获得创业所带来的回报。努力的创业者通常会得到创业的回报，这些回报也许是可观的收益，也许是成就带来的满足，也许是各种经历沉淀出的智慧。

（4）创业需要创业者付出努力。创业是艰辛的旅程，在创业道路上，存在着无法预测的风险，所以创业者必须做好迎接各种挑战的准备。

从创业的内涵来讲，创业有广义和狭义之分。广义的创业是指人类的创举活动，或指具有开拓、创新及积极意义的社会活动。狭义的创业是指创业者对自己拥有的资源或通过努力能够拥有的资源进行优化整合，从而创造出更大的经济价值或社会价值的过程，也就是指创业者的生产经营活动，如开创个体和家庭的小企业或者创办企业等。本书中所提到的“创业”主要是指狭义的创业。

（三）知识型创业

知识型创业的概念是在转变经济发展方式的路径意义上提出的。在知识社会条件下，创新驱动是由创新创业过程组织起来的。在创新驱动过程中，所需求的创业者是接受过高等教育的群体，这类群体被彼得·德鲁克称为“知识劳动者”，而非一无所知的劳动者。知识劳动者是创新驱动经济中的主要创业群体，人们由此提出了不同于前知识社会里“古典创业”的知识型创业，它是以创新为基础的创造性思维训练。

知识型创业又称知识溢出创业。有研究者认为，将创业这一过程作为知识溢出或知识再造的一种表现形式，知识接受者将获取的知识、自身知识及其周围环境凝聚起来并相融合后，更容易挖掘出新知识、制造出创业的新机会。同时，知识型创业的承担主体是知识劳动者，即接受过高等教育的群体，因为这些群体有丰富的知识存量和比较完备的知识结构，有利于新观念的产生，并且其在知识存量和创新能力上的优势是其他群体无法媲美的。受教育程度越高，接受创新过程就越迅速、越彻底，从而越能产生新发明、越能适应环境与事态变迁，更易于开展文化交流活动、走向现代化。美国心理学家罗杰斯（Rogers）概括了最易于接纳创新的人的六大特点，这些特点全部与教育水平有关，但他还是把“受过较好教育”和“较有文化”列为第一、二特征，以示强调。

顾名思义，知识型创业是具备较高知识含量的创业活动，这些知识往往是在现存的企业中被创造出来的。知识型创业被看作创业过程中知识溢出的一种形式和结果，新创企业将知识予以商业化、企业化的整个进程，不仅完成了逐步创新的拓展及蔓延，而且是创新能力聚集与凝结的进程。创新能力凝聚很可能是获益于需求条件、企业决策、生产要素等一系列外生性因素，但核心的内生性变量是产业知识的吸取及其自身的创新能力。可见，知识型创业活动完全可以被认为是在区域创新网络下形成的若干吸引因素，既可以巩固、拓展已有的创新型集群和创新网络，也可以在相应环境下培育或是形成新的创新型集群。

知识型创业的特点是有效利用知识、技术、智慧与创造力去创办新企业、开拓新市场，核心点与关键点在于“创”字。企业或是基于知识与技术创办新企业、开拓新市场，或是通过自主创新在企业内进行创业，以此不断创造新财富和新知识价值来满足经济和社会发展需求，从而获得更好的生存与发展机会。知识分工的存在必然发生知识劳动，与传统资源性的创业不同，知识型创业所面对的，不仅是物质资本的有效组合，更多的是知识驱动、创新驱动，是洞悉各项知识之间的互补性。

知识经济的发展使人们看到了知识型创业带来的巨大经济价值和社会价值，同时在增强国家竞争力中确立了知识创新和创业的重要地位。越注重将增强知识创新能力放在国家全面建设突出位置的国家，其知识经济越发达。

（四）人才培养模式

人才培养模式是指在一定的教育思想和教育理论指导下，为实现培养目标而采取的教育教学组织模式和运行方式，这些组织模式和运行方式在实践中形成固定的风格和特征，具有明显的计划性、系统性和范型性。专业设置模式、课程体系状态、知识发展方式、教学计划模式、教学组织形式及非教学或跨教学培养形式等都是培养模式的各个要素，是培养过程中为实现培养目标而带有方向性的管理内容，彼此之间存在着内在的逻辑关系。

关于人才培养模式构成要素的认定，是一个颇有争议的问题。由于建立人才培养模式的准则不同，因此人才培养模式也有所不同。尽管人才培养模式众多，但其主要由以下五个要素构成。

1. 培养目标

培养目标有多种解释。1999年出版的《教育大辞典简编本》对培养目标的解释是教育目的或各级各类学校、各专业的具体培养要求，一般包括人才根本特征、培养方向、培养规格、业务培养要求等内容。培养目标受社会对人才类型、规格的需要，学生的基础条件及全面发展要求的共同制约，它是培养模式中的决定因素。人才培养目标，即培养者对所要培养出的人才质量和规格的总规定。一般可以表述为：培养社会发展需要的、具有某些素质的全面发展的人才。这里的“全面发展”指个体身心和谐地发展，并不是样样精通、“百科全书”式的通才。

2. 培养内容

人才培养内容是培养者作用于培养对象的影响物。学校人才培养内容是以课程的形式体现出来的。这里所指的课程除了课程表中所规定的课程，还包括配合课内教学所组织的全部课外活动，以及在整个学校生活中教师与学生集体的价值观、态度、行为方式等校园文化因素对学生的影响。

3. 培养过程

培养过程是为实现培养目标，依据人才培养制度的规定，配合运用教材、实验实践设施等中介手段，以一定方式从事教学活动的过程。因此，培养过程是人才培养模式的本质属性，它包括专业设置、课程体系、培养途径和培养方案等要素。

4. 培养制度

培养制度是指有关人才培养的重要规定、程序及其实施体系，它是人才培养得以按照规定实施的重要保障与基本前提，也是培养模式中最活跃的一项内容。培养制度主要包括专业设置制度、修业制度和日常教学管理制度三类。

5. 培养评价

培养评价是指依据一定的标准对培养过程及所培养人才的质量与效益做出客观衡量和科学判断的一种方式。它是人才培养的重要环节，对培养目标、培养制度、培养过程进行监控，并及时进行反馈与调节。

因此，人才培养模式在人才培养中既不属于内容范畴，也不属于纯粹的形式范畴；既不属于目的范畴，也不属于结果范畴。培养模式的根本属性，表现在它是一种过程范畴，即它是一种对于培养过程的设计、建构和管理，是关于人才培养过程状态的总体性表述。

二、创新创业基本理论

创新创业教育以培养具有创业基本素质和个性的人才为目标，不仅是以培育在校学生的创业意识、创业精神、创新创业能力为主的教育，而且是面向全社会，针对那些计划创业、已经创业、成功创业的创业群体，分阶段、分层次地进行创新思维培养和创业能力锻炼的教育。创新创业不是凭空臆造的，而是建立在知识传播、转化和应用基础上的。高校培养创新人才绝非为教育创新而创新，而是有着深厚的理论底蕴作为支撑。

（一）人力资本理论

所谓人力资本，即凝聚在劳动者身上的知识、技能及其所表现出来的能力。人力资本理论的产生可以追溯到18世纪。早在1776年，现代经济学创始人亚当·斯密（Adam Smith）就在代表作《国民财富的性质和原因的研究》中指出，个人通过学习所获得的已成为个人能力的一部分的知识和技能，也应视作社会财富的一部分，是社会固定资本的组成部分。

随着经济和科技的发展，到20世纪中叶，学者对人力资本的研究开始系统起来。其中，最杰出的代表人物当属美国的西奥多·W. 舒尔茨（Theodore W.Schultz），他在名著《人力资本投资》中指出："事实证明，人力资本是社会组织和个人投资的产物，其质量高低完全取决于投资多少。”人力资本是关于人口质量的投资，它比物力资本更加高效，在人力资本形成的各种途径中，教育是一条最重要的途径。西方大多数专家指出，教育是一种生产性投资，它对经济增长具有举足轻重的作用。

在人类所拥有的一切资本中，人力资本是最宝贵的，自然成为现代管理的核心。提高人力资本的管理水平，不仅是发展经济、提高市场竞争力的需要，而且是一个国家、一个民族长期兴旺发达的重要保证，更是一种现代人充分开发自身潜能、适应社会、改造社会的重要措施。因此，管理好人力资本有着重要的意义。

（1）通过合理的管理，可以实现人力资源的精干和高效，取得最大的使用价值。同时，人的使用价值达到最大，等同于人的有效技能最大限度地发挥作用。

（2）通过采取一定措施，可以充分调动人力资源的积极性和创造性，也就是最大限度地发挥人的主观能动性。

（3）通过教育和培训，人力资本的效能可以不断提高。人类社会的发展，最终都是为了人本身的发展。马克思指出，教育不仅是提高社会生产的一种方法，而且是造就全面发展的人的唯一方法。随着社会的发展，教育和培训在人力资源开发和管理中的地位越来越高。

21世纪的中国处在一个知识经济时代、一个创业时代。日益激烈的人才竞争、严峻的就业形势及国家经济发展方式的转变，对人才的素质、人才开发的力度和高校人才培养模式有了新的要求。除了要求大学生掌握知识、技能，还需着力提升大学生的文化修养、企业家精神、创新创造能力，以提高其综合素质。

人力资本理论为创业人才的培养提供了理论依据。培养创业人才是时代的要求，高校培养出的创业人才是经济发展和社会进步的有力推动者。

（二）实用主义教育理论

实用主义教育理论于19世纪末在美国兴起，深深地影响了20世纪全球的教育理论研究和实践。实用主义教育理论的代表人物有美国哲学家、教育学家约翰·杜威（John Dewey）和威廉·赫德·克伯屈（William Heard Kilpatrick）等。

杜威非常重视教育过程中师生之间的合作关系，他认为，在教育过程中让学生自己发现问题、解决问题，并不是指教师可以袖手旁观、保持沉默，而是共同参与学生的活动。在共同参与活动的过程中，教师或学生越少意识到自己在哪里施教或受教，就越好。杜威反对依靠威吓和压制的方法进行教育和教学，要求各门课程的教学过程成为师生合作的相互作用的过程，成为师生作为平等者和学习者共同参与的过程。

实用主义教育理论主要有以下六种观点。

第一，教育即生活，教育的过程和生活的过程是合二为一的，而不是为将来的某种生活做准备。

第二，教育即个人经验的增长，教育在于让学生在真实的情境中增长自己的经验，这是教育的最终目的。

第三，教育即成长，是个人经验的增长过程。

第四，学校的课程是以学生的经验为中心的，打破了原来以学科为中心的课程体系。

第五，教育教学中不再以教师为中心，教师只是学生成长的帮助者，学生才是教育教学的中心。

第六，在教育教学过程中，注重学生创造性的发挥，提倡让学生在学习过程中独立探讨、发现问题。

在当今社会，人们依然认为实用主义教育哲学拥有极大的社会价值，认为当代“杜威教育思想依然是有生命力的”。

总之，实用主义教育理论所倡导的以学生为中心、活动课程、从做中学的教学思想，为教学思维的改变、教学模式的更新及创业人才的培养提供了理论支持。

（三）创新型国家理论

通常，人们按照实现工业化和现代化道路的不同对国家进行划分：有些国家（如中东产油国家）主要依靠自身丰富的自然资源增加国民财富，即资源依赖型国家；有些国家（如一些拉美国家）主要依附于发达国家的资本、市场和技术，即依附型国家；还有一些国家把科技创新作为基本战略，大幅提高科技创新能力，形成日益强大的竞争优势，国际学术界把这一类国家称为创新型国家。创新型国家以技术创新为经济社会发展的核心驱动力，主要表现为：整个社会对创新活动的投入较高，重要产业的国际技术竞争力较强，投入产出的绩效较高，科技进步和技术创新在产业发展和国家财富的增长中起重要作用。

为了在竞争中赢得主动，依靠科技创新提升国家的综合国力和核心竞争力，我国把推进自主创新、建设创新型国家作为落实科学发展观的一项重大战略决策。创新型国家理论在中国不断地深入。

高校在国家整个创新体系建设中扮演着特殊的角色，承担着培养创新人才的重要任务，而创新人才在推动生产一线科技成果转化、服务社会主义现代化建设等方面，发挥着不可替代的作用。因此，培养创新人才既是建设社会主义现代化国家的重要环节，也是建设创新型国家的需要。

（四）人的全面自由发展理论

马克思在《共产党宣言》中概括了共产主义新人形象的本质特征，即“人的全面而自由的发展”。所谓“人的全面而自由的发展”，蕴含了两方面内容：一是人的性格和智慧得到全面的、合理的发展，具体地说，就是在道德、智力、情感等方面得到全面的、和谐的发展；二是人的个性和才能得到自由自主的发展，具体地说，就是进行自由的生命活动和自觉的创造活动，“一切人的自由发展”与“每个人的自由发展”及其辩证关系，构成了马克思“人的全面而自由的发展”理论的基本内容。

在马克思看来，人的全面发展还包括个性自由，以及人的性格、智慧等方面的发展。传统教育模式以培养适应社会、政治、经济发展的人才为目标，在教育实施上存在重共性、轻个性的倾向，这显然与人的全面自由发展理论相悖。从对创新人才的界定来看，对创新思维、创新能力、创新品质和意志等方面的要求，本质上是以人的全面自由发展为依据的；同时，推进人的全面自由发展，与促进社会、经济、文化的发展是互为前提和基础的。人越是全面自由发展，社会的物质、精神财富就会创造得越多；反之，社会物质、精神财富越充分，越能推进人的全面自由发展。

人的全面自由发展理论已经充分地渗透到当前的高等教育实践中。我国创造性地提出了“以人为本”的科学发展观，将人的全面自由发展与整个社会的和谐发展联系起来。可以说，创新人才的最高标准是个性全面自由发展的人，培养创新人才是高校践行科学发展观的客观要求。为此，高校应转变教育观念，确立“以学生为本”的教育理念，遵循学生心理和生理发展的科学规律，主动开展高素质人才培养的教育实践活动。

（五）创新教育理论

知识分为显性知识和隐性知识。社会生产、生活具体行为中的隐性知识大量存在，需要有知识基础的“有心人”去发现、概括、总结、提炼，提出解决方案。一个一个隐含的问题被攻破、被解决，就是技术进步。技术进步不是在某一时刻的突变，而是日积月累的渐变。

隐性知识到显性知识的转化，是一个建立重复利用知识体系的过程，它重点强调的是信息采集、组织、管理、分析和传播。在这一过程中，信息在不断聚合过程中产生新的理念。私人知识并不能直接共享，可以进行传递的仅仅是知识中的有关观点和信息。他人在接收观点和信息后，要对其进行深入的感知、理解和内化，然后才能形成自己的新知识。

内化，意味着新创造的显性知识又转化为组织中其他成员的隐性知识。显性知识隐性化的目的在于实现知识的应用与创新。知识的应用与创新是知识管理的终极目标，组织能否在竞争中占有优势，取决于组织能否充分利用组织的知识、能否不断地创造出新的知识，并进行知识的更新。从隐性到显性，再由显性到内化，组织竞争力得到提升，知识管理完成一个基本循环。

在上述由创造知识到提高技术的转化过程中，隐性知识向显性知识的转化是核心，它是知识生产最直接、最有效的途径。生产组织中员工个人的隐性知识，是企业新知识生产的核心。如何有效地激发个体的隐性知识，避免转化过程中的障碍，提高转化方式的互动作用，将影响企业新知识生产的水平。

对于生产一线的劳动者，除把隐性知识转化为显性知识这一创造新知识的功能，现代工业社会劳动本身就是智力运用与创造的过程。

高校培养的是高技能人才，是生产一线的劳动者，他们的劳动过程就是新知识的生产过程、智力运用过程和创造性劳动过程。高等教育如果没有创新教育的内容，只能认为它是在给机器输入程序，而不是培养活生生的人。要培养人才，就必须把创新教育作为核心内容。

（六）杰弗里·蒂蒙斯创业理论

创业理论源于18世纪出现的“entrepreneur”（创业者、企业家）一词，随后，有关创业的研究逐渐多了起来。众多学者从不同的视角对创业现象、创业本质、创业理论进行了探讨。杰弗里·蒂蒙斯（Jeffry A.Timmons）是美国百森商学院富兰克林·欧林创业学杰出教授，是创业管理教育领域的权威人士，1999年成为美国国家创业委员会的特别顾问。杰弗里·蒂蒙斯对创业过程模型给出了经典的诠释。

第一，商业机会是创业过程的核心驱动力，创业者（创始人或工作团队）是创业过程的主导者，资源是创业成功的必要保证。创业过程始于商业机会，而不是资金、战略、网络、团队或商业计划。开始创业时，商业机会比资金、团队的才干和能力及适应的资源更重要。在创业过程中，资源与商业机会间经历着一个“适应—差距—适应”的动态过程。

第二，创业过程是商业机会、创业者和资源三个要素匹配和平衡的结果。处于模型底部的创业者要善于配置和平衡，借此推进创业过程，他们必须做的核心工作有：对商机的理性分析和把握，对风险的认识和规避，对资源的合理利用和配置，对工作团队适应性的分析和认识。

第三，创业过程是一个连续不断寻求平衡的行为组合。三个要素保持绝对的平衡是不可能的，但企业要保持发展，必须追求一种动态的平衡。在持有平衡的观念展望企业未来时，创业者必须思量的问题有：目前的团队能否促进企业未来的成长统筹，企业下一阶段成长面临的挑战，等等。这些问题在不同的阶段以不同的形式出现，关乎企业的可持续发展。

第三节　创新创业教育模式的建构理论

近年来，高等教育虽然规模不断扩大，办学模式趋向多元化，但是人才培养目标和人才培养模式至今尚欠完善，人才培养质量难以保证，这既影响高等教育的可持续发展，也会制约经济与社会的发展。为适应形势变化，确立与社会需求相适应的高等人才培养目标，构建创新的高等人才培养模式，是社会发展对高等教育发展的必然要求，也是高等教育发展的生命力所在。

一、高校人才培养模式构建的基本原理

根据高等教育与社会相互适应的理论，可以认识到高等教育对社会的适应是全方位的；同时，高等教育对社会的适应更着眼于未来。

因此，依据高等教育与社会相互适应的理论，结合中外人才培养模式的研究成果可知，在创新构建高等人才培养模式时，创新创业的高等人才培养模式的培养目标是与中国社会主义现代化建设要求相适应的，以社会、经济现实和未来发展趋向需求为导向的，直接从事生产、建设、管理、服务第一线工作的高级技术应用型专门人才。这种人才主要是从事成熟理论与技术的应用和操作的高级技术人员和管理人员，他们在具有必备的基础理论知识和专业知识的基础上，拥有善于解决工程复杂问题的基本素质和能力，重点掌握从事本专业领域实际工作的基本技能，具有良好的职业道德和敬业精神。要达到这一目标，必须为受教育者构建新的知识、能力、素质结构。

（一）知识结构的构建

高校学生的知识结构是指不同内容、不同形式的知识在学生认知结构中所

积淀的层次与比例的关系。知识结构是衡量人才培养质量的主要尺度之一。从当前的情况来看，知识的基础化和综合化是构建高校学生知识结构的目标。

1. 知识基础化

知识基础化就是要把知识结构的重心放在基础知识、基本原理上，加强基础知识是应对多变社会环境的一种重要策略。基础知识是本源性知识，抓住了事物的共性，可以举一反三。一个人只有在工作和生活中凭借其在学生时期获得的基础知识和自学能力，不断扩展自己的知识面，优化、更新自己的知识，才能适应社会。高等教育既要重基础，也要重专业，二者比例要适度。

2. 知识综合化

综合不是简单的叠加，而是一种整合，使学科之间相互渗透，形成整体性概念，从而真正收到良好的效果。要让学生在高新技术的教学应用实践中，体会知识综合化的魅力，学会运用综合化知识解决专业性、技术性问题。另外，应注意人文教育与科学教育的渗透与迁移，要在科学教育中渗透人文思想，促进人文教育与科学教育的自然融合。

（二）能力结构的构建

能力是指保证一个人顺利进行实际活动的稳固的心理特征和知识技能的综合能力，与心理活动的特征有关。关于高校学生的能力，目前教育界比较一致的看法是由四部分组成，即获取知识的能力、运用知识的能力、创造能力和职业能力。因此，能力结构的构建包括以下四个方面。

1. 获取知识的能力的培养

在获取知识的能力培养方面，提倡教师主导与学生自觉并重，充分发挥学生学习的主动性、能动性。在课程设置上，要以学生为中心，在教学中充分体现教师主导和学生主体的作用，使学生实现从“学会”到“会学”的飞跃。同时，要在教学中构建整体知识网络，注重知识的形成过程和实用价值。这样能为学生的不断发展和终身学习打下基础。

2. 运用知识的能力的培养

运用知识的能力是指人在社会实践活动中运用学到的知识去分析问题、解决问题的能力，特别是由此迁移到其他情景中分析问题、解决问题的能力。运用知识的能力与学习知识的能力的核心都是思维，但运用知识的能力偏重活动，体现智力与能力的结合。培养运用知识的能力的关键，是让学生参加实践活动，真正发挥实践教学的作用。要针对专业特点、职业特点、技术特点、岗位特点开展实践活动，让学生运用基础理论、基础知识指导实践，从实践中深化对知识的理解，实现知识与能力的融合。

3. 创造能力的培养

高等教育既重视向学生传授知识、技术，又重视对学生职业素质、职业能力的培养，强调发展学生的个性和挖掘其创造潜能。同时，它强调企业、社会的参与，这样有利于学生创新意识与创造能力的培养。要培养学生的创造能力，重要的是开展主体性教育和个性教育，鼓励学生以发展的观点看问题，敢于突破常规和定式。目前，高等教育应建立起以能力考核为主、常规测试与技能测试相结合的制度，重点考核学生运用知识解决问题的能力。同时，应加强科研实训基地建设，引进新设备、新机器、新技术，开放实验室，营造创新氛围。

4. 职业能力的培养

职业能力是指个体履行岗位职责、承担本职工作、完成各项任务的能力。过去，我国大多数企业虽然有人力成本优势，但是产品服务的技术含量低、竞争能力弱，限制了劳动生产力的提高。因此，我国高等教育在培养人才时，必须创设职业岗位环境，对学生进行职业道德、职业素养、职业技能等方面的教育，使其毕业后能及时进入角色。

（三）素质结构的构建

素质结构按照不同的方法可划分为不同的单元，人的素质可划分为自然素质、社会素质和心理素质三种。高等教育培养的是社会需要的一线人才，主要培养学生的社会素质和心理素质。

1. 社会素质的培养

社会素质属后天素质，在素质结构中起调节作用。它以生理素质、心理素质为基础，又给这两种素质打上一定的社会烙印。它既引导个体做人，也引导个体成才。内化是社会素质形成的重要机制，主要指个体从外部获得道德和知识，通过内省与吸收成为自我的一部分，使人形成一种良好的涵养和气质，使个体的人成为社会的人。高等教育在培养学生的社会素质时，要充分发挥正面教育的作用，多树立正面典型，使学生不自觉地向正面典型看齐；同时要注意纠正学生在专业课程与公共课程学习中出现的“一重一轻”倾向，避免因这种倾向造成知识的偏差和人格的移位。

2. 心理素质的培养

心理素质是人的所有素质中最容易产生危机的一部分。人的心理素质一旦潜藏危机，就会对个体的发展产生影响，甚至造成难以预料的后果。在我国，由于心理教育开展的时间不长、社会认可度不高，学生中的一部分人难免存在一些心理问题。因此，教师在培养学生的心理素质方面更应该加大力度。一要培养学生的成就动机，使学生懂得人人都可以成功；二要营造良好的氛围，促使学生构造积极、适当的自我意象，引导学生正确认识自我，找准定位，不断创造自我；三要培养学生的情绪控制能力，使他们能够做到以性格培养性格、以情感培育情感、以情绪感染情绪、以情操唤起情操。

综上，知识、能力、素质的划分是相对的，知识不经内化不能形成素质，内化了的知识不经运用也不可能形成能力。高等教育应根据专业需求的不同，在基础课与专业课、专业理论教学体系与实践教学体系的安排上，确定不同的比例，做到从实际出发、灵活多样。总之，高校创新创业教育需要随着时代的发展而不断发展，在实践中不断完善。

二、人才培养模式创新构建

根据新时期对高校人才的素质要求和国内外高校人才培养模式的现状，可以将新的人才培养模式概括为“两线并重、四位一体”的外向复合应用型人才培养模式。“两线并重”即理论教学与实践教学并重；“四位一体”即专业设置模式、教学模式、实践模式及教师培养模式要实现有机结合、整体统一。

（一）专业设置以就业为导向

高等教育能否满足社会需求，一方面体现在其培养目标是否与社会经济发展对人才素质的要求相一致；另一方面体现在其专业设置是否与生产结构的经济发展变化相适应，也就是要建立专业结构与产业结构相适应的专业设置模式。

专业结构是国家现实经济的反映，与一定历史时期的经济发展和产业结构相联系，直接或间接地反映了经济和社会发展的需要及经济结构的特点。是否与经济和社会发展相适应，是衡量专业结构是否合理的根本标志。同时，“专业能力”是学生能力的一个重要方面。高校设置的专业如果符合本地区产业发展的需要，能够培养对口的人才，就会受到用人单位的欢迎与支持，进而推动本地区经济的发展。高校要较好地为本地区经济建设服务，面向市场办学，必须了解本地区经济发展的产业结构状况和需求，也就是要了解本地区经济发展都有哪些产业部门及其隶属关系。例如，第一产业都有哪些门类，第二、三产业又有哪些门类，哪些是次要产业，并在此基础上，做好人才需求预测。同时，必须以科学发展观，即发展的、动态的、变化的观点，探讨本地区产业结构未来发展变化的趋势，明确哪些是本地区大力发展并大有前途的产业、哪些是本地区正在逐渐被淘汰的产业、哪些是将随着科学技术的进步和生产力的发展必然会兴起的产业。

高校应该不断调整服务方向，优化专业结构，增设社会急需的新专业，完善就业形势不好的旧专业，使新旧专业相辅相成、合理搭配。首先，专业设置要考虑高校本身的办学条件，如现有的师资、设备及原有的办学专业基础。其次，专业设置数量要适当，既要避免专业过多使力量分散，以致影响培养实用型人才的质量和增加就业压力；又要注意专业设置数量不能太少，因为学科设置太单一会影响办学的经济效益。最后，专业设置要随着时代的需求不断改变，要与科技、经济、社会的发展相适应。

（二）教学模式改革以培养学生职业能力为宗旨

教学模式特指反映特定教学理论逻辑的，为完成某种教学任务而采用的相对稳定且具体的教学活动结构。利用某种模式，人们可以将教学活动或过程分解为某些关键调控教学活动的一整套方法体系。教学模式是教学理论与教学实践的中间环节，它通过简化、微缩的组成要素规定和调控教学活动。

建构主义教学理论的兴起与发展，对改革高校教学模式的指导意义体现在以下两个方面。

第一，在教学中要让学生充分发挥学习的自主性。由于学生是学习的主体，课堂教学不能采用简单的灌输方法，以免学生被动地接受新知识。教师应尽量引导学生进行探究，即主动发现问题，主动收集、分析有关信息和资料。

第二，在教学中要多开展情境教学。职业教育是手脑并用的技术教育，教学中既要提高学生的理论水平，又要提高学生的动手能力。根据各专业的特点开展情境教学，是培养学生职业能力的一种重要手段。在设计高校教学模式时，要注重教学过程的情境性，通过在特定情境中的运用，培养现实中要掌握和运用的技能。

教学设计应以学生为中心，以培养职业能力为宗旨。首先，了解相关行业的基本情况，主要包括本行业的一些宏观背景，行业内企业的数量、规模、生产技术水平，以及对一线技术人才和管理人才的需求，等等。其次，根据“有效需求”原则，进一步分析相关职业岗位的实际需求与分布情况，把专业培养目标分解细化，以便有选择地确定该专业的学生能够完成哪些具体岗位工作。最后，进行有关的职业综合能力的分析与分解。职业综合能力主要由专业能力、方法能力和社会能力三项基本要素构成。对有关专业或专业方向进行职业综合能力的分析与分解，是高校专业教学设计中最重要、最具特色的一项工作。

（三）实践模式满足对职业资格证书就业准入制的要求

职业资格证书制度是指按照国家制定的职业标准，通过政府认定的考核鉴定机构，对劳动者的职业能力水平进行客观公正、科学规范的评价和鉴定，对合格者授予相应的国家职业资格证书。它是国际上通行的一种对技术技能人才的资格进行认证的重要制度，是我国确定的一项旨在全面提高劳动者素质的重要政策，是发展劳动力市场、促进职业培训和实现就业的重要手段。

所谓就业准入，是指根据《中华人民共和国劳动法》《中华人民共和国职业教育法》的有关规定，对从事技术复杂，通用性广，涉及国家财产、人民生命安全和消费者利益职业的劳动者，必须经过培训，并取得职业资格证书后，方可就业上岗。

为使高等教育培养的毕业生满足就业准入制的要求，必须构建新的模式。

首先，建立并优化教学体系。一是构建实践教学体系的目标体系，明确要求，抓住关键，落实保障措施。二是建立一个由基础课实验和基本工艺训练、专业课实验和课程设计、跟岗实训和毕业设计、课外活动和社会实践等组成的、较完整的梯次递进的实践教学体系。三是以技术应用能力培养为目标，改革实训教学环节，对实验较多的课程单独设置实验课，独立考核，减少演示性、验证性实验，增加工艺性、设计性、综合性实验，加强职业技能训练，在实习现场营造真实的现场工作氛围。

其次，根据“培养应用能力，满足就业需求”的原则，探索产学合作教育的途径。一是建立由校内专家和企事业单位的工程技术人员组成的专业委员会。专业委员会成员参与学校专业设置的论证、人才培养计划的制订、课程内容的确定等工作，保证人才培养规格适应工作岗位的要求。二是建立一批校外实践教学基地。学校可以选择一批设备工艺先进、管理水平高、适合学生动手操作、有利于发挥学生创造力的企业，注入一部分资金，作为学校的实践教学基地。三是经常组织学生到实践教学基地进行认知学习、课程设计和毕业实习。学生在校外实践教学基地实习期间，学校应聘请现场的技术人员担任兼职教师，使学生有机会进入实际生产领域，获得真正的职业训练和工作体验。

最后，建立校内专业技能鉴定场所，提高学生技能鉴定通过率。具有设备、场所和技术等方面优势的高校，可以在国家职业标准的统一指导下，在职业技能鉴定社会化管理体制的约束下，建立职业技能鉴定场所，开发相应的标准、教材、题库、考试技术及教务管理技术软件，使其成为先进的职业培训模式、鉴定方法和考试技术的实验中心，成为职业资格证书制度的示范窗口。这样，既可以提高学生技能鉴定的通过率，又可以补充更新学校的实习、实训设备，使学生在设备条件充足的情况下学习技能、接受鉴定。

（四）构建“双师型”教师培养模式

良好的师资水平是保证教育质量的关键，只有建立一支有特色的高等教育师资队伍，才能办出有特色的高等教育。要培养具备较高素质的人才，教师必须具备更高的职业道德和素质；要培养学生的专业实践能力，教师本身必须具备较强的专业实践能力。能力本位的培养模式要求教师具备更高的素质和能力，具有较强的创业能力和创新意识，在相应的学术领域中获得创造性的成就。只有建立一支素质高、能力强、以“双师型”教师为主体的师资队伍，才能在教学过程中增强学生的创新意识，培养学生的创业能力。

抓好“双师型”教师的培养，应该重视以下三条途径。

（1）培养本校的“双师型”教师队伍。加强对教师专业理论水平和实践能力的培养，鼓励教师进修，使其树立终身学习的观念。

（2）建立高校教育师资培养基地，进行系统的师资队伍培训。为增强未来高等教育师资队伍的专业实践能力，要鼓励教师参加技能鉴定，获取一定等级的专业资格证书，以提升实践技能。

（3）规范兼职教师的聘任条例。从校外聘任一批既具备一定的本专业理论知识，又具有丰富的实践经验和良好的职业技能的兼职教师，使他们通过专业理论及教育理论的培养和考试，取得兼任高等教育教师的资格。

第二章
新发展需要创新创业思维与方法

第一节 思维与创新思维

一、思维

（一）思维的概念及要素

“思维”在《辞海》（第七版）中有“考虑、思量”的意思。生理学把思维定义为一种高级生理现象，是脑内一种生化反应的过程，是具有意识的人脑对客观现实的本质属性、内部规律的自觉的、间接的、概括的反映。心理学把思维定义为人脑对客观事物概括的和间接的认识过程，通过这种认识，可以把握事物的一般属性、本质属性及其内部规律。哲学上把思维定义为理性认识的过程，即外在刺激或内在刺激所引起的对事物的一种间接的、概括的反映。所以，思维既是人接收信息、存储信息、加工信息及输出信息的活动过程，也是概括地反映客观现实的过程。思维是认识的理性阶段，人们在感性认识的基础上形成概念，并用其构成判断（命题）、推理和论证。在创业过程中深刻地理解思维的内涵，并充分地拓展自己的思维方式，积极进行创新创造，对学生个人未来发展具有重要意义。

思维源于劳动，是在人类认识自然、改造自然的过程中，逐渐形成的对客观世界及现实的信息化反映。思维对事物的间接反映，往往通过其他媒介作用或借助于已有的知识和经验，通过已知的条件推测未知的事物。人因为具有思维而伟大，思维是人类区别于万物的主要特点。思维的体现是多种多样的，可以体现在人类认识自然、改造自然的过程中，可以体现为社会的发展和进步，可以体现为思想与艺术的表达与展现，可以体现为科技成果的创造，可以体现为人们的生活及日常管理。

思维包含思维对象和思维主体两个要素。思维对象，就是人们的思维所指向的目标。从思维方法的角度来考察思维对象，其主要特点表现在“无穷多的数量”“无穷多的属性”“无穷多的变化”三个方面。思维主体，就是从事实践活动的人或正在进行思考的人的头脑。在高校学生创业过程中，项目运营阶段和企业运营阶段的思维对象有显著的不同。项目运营阶段的思维对象更多的是项目相关要素，以完成项目为目的；而企业运营阶段的思维对象更多的是各个商业要素，以营利为目的。作为思维主体的高校学生，其思维形式还不够完善，还需要进行大量知识和经验的积累，积极进行思维训练将会对其综合素质的提升起到极大的促进作用。

（二）思维的特性

1. 思维具有内隐性

思维不是一种直接的感觉活动，而是一种间接的抽象过程，是人脑对外界事物直接或间接刺激的反映，也可以说人们的知觉在其中起着重要的作用。我们无法直接观测到人脑的思维过程，只能观测到人们思维后的主观反映，如语言、行为、表情等。

2. 思维具有概括性

人脑可以对一类事物甚至多种事物进行概括或归纳总结，提炼出其本质特征及规律，并加以应用。

3. 思维具有间接性

人的感知是有感觉阈限的，如超声波、次声波等听觉阈限，红外线、紫外线等视觉阈限。同样，嗅觉、触觉等都存在着感觉阈限。所以，思维活动往往需要以其他事物为媒介来认识客观事物，或者借助已有的知识和经验来理解和把握那些没有或者不可能感知的事物，以预见和推理事物的发展过程。

4. 思维具有预见性

预见性并不是人与生俱来的天赋和灵性，而是客观事物在人脑中主观反映的产物。事物发展的规律决定了事物发展的方向和趋势，人们不但可以认识、推测对象的过去，而且可以对对象的未来进行科学的预测。人们可以根据自身经验及感知，通过对客观规律的分析，预见未来可能存在的科技发展趋势和社会发展趋势。

5. 思维具有时代性

思维具有时代性，也可以说具有历史性及现实性。人们的思维活动容易受到所处时代的实践经验的制约，思维的历史性提醒人们既不能固守传统思维模式，又不能割裂历史。而思维的现实性要求人们认清当代社会发展的趋势，充分考虑现实的要求，摒弃传统思维方式中不好的方面，努力培养新的符合时代发展的思维方式和方法。

6. 思维具有创造性

在人类历史发展进程中，时刻都有人向陈规旧律挑战，时刻都有人在打破旧的传统和习惯。人的思维及人类社会的诸多发现、发明、创造都体现了思维的创造性，人类具有强大的分析问题、解决问题的能力。解放思想、锐意改革、勇于创新也成为现代社会的强烈呼唤。

7. 思维具有逻辑性

事物及社会的发展是有规律可循的，人们在改造自然的过程中，自然而然地学习和理解事物及社会的发展规律，同时充分地利用规律来影响事物及社会的发展，可见思维具有逻辑性。逻辑性反映出思维是一种抽象的理性认识，表明思维过程有一定的形式、方法和规律。

8. 思维具有形象性

人们常借助形象化的材料来进行思维，形象既是思维的载体，也是思维的工具。

9. 思维具有统一性

人类具有普遍性的思维，在基本思维层次上，人类的思维具有统一性和一致性。

10. 思维具有差异性

人类思维能力的最基本的东西是一致的，但并不是说人与人之间在思维上就没有差别。实际上，每个人深层次的思维常常有很大不同，存在着个体差异性。

（三）思维的分类

1. 从抽象性上划分

思维有很多种分类方法，从抽象性上，可以分为直观行为思维、具体形象思维、抽象逻辑思维。

（1）直观行为思维。

直观行为思维是直接与物质活动相联系的思维，又称感知运动思维。这种思维主要是协调感知和动作，在直接接触外界事物时，对直观行为产生初步概括、感知，动作中断，思维也就终止。例如，儿童玩积木不是想好了再玩，而是玩起来再想，边玩边想、边想边玩，儿童最初的这种思维就是直观行为思维。运动员对技能和技巧的掌握也需要直观行为思维做基础。

（2）具体形象思维。

具体形象思维是以具体表象为材料的思维，是一般形象思维的初级阶段。它不具备真正揭示事物本质的特征，而具有开始认识事物属性及具体形象性的特点。具体形象思维往往凭借事物的具体形象、表象或语言来进行，其在文艺创作中经常被运用。

（3）抽象逻辑思维。

抽象逻辑思维是高级的思维方式，以抽象概念为形式，依靠概念、判断和推理进行思维，最终反映事物的本质属性和规律性联系。它是人类思维的核心形态，也是人类最基本的、运用最广泛的思维方式。

2. 从目的性上划分

从思维的目的性来看，思维可以分为上升性思维、求解性思维、决策性思维。

（1）上升性思维。

上升性思维以实践所提供的个别经验为起点，把个别经验上升为普遍性认识。个别思维大多来自日常生活体验，因而不具有普遍的指导意义，其真实性有待实践检验，才能最终上升为普遍性认识。

（2）求解性思维。

求解性思维始终是围绕问题展开的，即依靠已有的知识解决问题。例如，在解答数学题时，应先分析已知条件，明确所求问题，再找出由条件到问题之间的桥梁。

（3）决策性思维。

决策性思维是以预测未来效果为中心的思维活动，是人们面对某一事物的发展趋势而做出果断抉择的思维，是以规范未来的实验过程或预测其效果为中心的思维。它遵循具体性、发展转化、综合平衡三条原则。

3. 从智力品质上划分

从智力品质上，思维可以分为再现性思维和创造性思维。

（1）再现性思维。

这是一种一般性思维，主要依赖过去所获得的知识和经验，对过去的记忆进行思维再现，按照现成的方法或程序去解决问题。这种思维方式往往是对自己或他人以往的思维活动进行重复与模仿，缺乏创新性。

（2）创造性思维。

这种思维方式是人们在已有的知识和经验基础上，针对问题，找出新答案、发现新关系或创造新方法的过程，是思维的一种高级形式。虽然其依赖于过去的知识和经验，但会把它们综合组织形成全新的东西，其最突出的标志是新颖、独特。一般来说，在很多行业取得突破性成绩和见解的人往往具备这种思维。

4. 从思维技巧上划分

从思维技巧上，思维可以分为以下二十六种。

（1）归纳思维。

归纳思维是由一系列具体的事实概括出一般原理的思维（与演绎思维相对），需要从一个个具体的事例中，推导出它们的一般规律和共同结论。例如，数学中经常会用到归纳思维。

（2）演绎思维。

演绎思维是把一般规律应用于一个个具体事例的思维，在逻辑学上又称演绎推理。它是从一般的原理、原则推及个别具体事例的思维方法。

（3）批判思维。

人们在解决问题的时候，往往强调批判思维。它一方面需要品评和批判既定的想法或假说；另一方面需要思考者积极进行思维，提高思考的质量，巧妙地运用思维内在的结构，并用智能标准对思考施加影响。批判思维体现为独立自主、自信、思考、不迷信权威、头脑开放、尊重他人等。

（4）收敛思维。

收敛思维与发散思维相对，又称集中思维、求同思维，是指从已知的种种信息中产生一个结论，从现有的众多材料中寻找一个答案。从众多资料中找出合乎逻辑的联系，导出一定的结论，并对几种解决方案加以比较研究，从而导出一种解决办法，就属于收敛思维。

（5）发散思维。

发散思维也称求异思维、辐射思维、放射思维、扩散思维，是大脑呈现一种扩散状态的思维方式。它表现为思维视野广阔，呈现出多维发散状。最常见的发散思维形式有“一题多解”“一事多写”“一物多用”“一词多义”等。

（6）侧向思维。

使用侧向思维思考时，要求避开问题的锋芒，从侧面去想，在最不起眼的、次要的地方多做文章，进行侧面挖掘，扩大价值。这种利用局外信息来发现解决问题的途径的思维，往往会收到意想不到的效果，也更简单、更方便。

（7）求证思维。

求证思维是用自己掌握的知识和经验去验证某一个结论的思维，现实生活中，有很多问题需要求证才能为人们信服。求证思维的结构包括论题、论据和论证方式，例如，写议论文时，就需要充分论证自己的观点，这样才能被读者接受。

（8）逆向思维。

逆向思维是对司空见惯的、似乎已成定论的事物或观点反过来进行思考，看看结果是什么，即“反其道而思之”，从问题的反向进行探索，有利于树立新思想、创立新形象。其实，对于某些特殊问题，当人们习惯于沿着事物发展的正方向去思考时，往往难以寻求到解决办法；如果从结论往回推，倒过来思考，或许会使问题简单化。我们常常说的“以终为始”就是运用了这种思维方式。

（9）横向思维。

横向思维是在更广阔的领域进行思维拓展，打破逻辑局限，其特点是不限制任何范畴，以偶然性概念来逃离逻辑思维，从而创造出更多新想法、新观点、新事物。横向思维大都是从与之相关的事物中寻找解决问题的突破口，围绕同一个问题，从不同的角度去分析或在与之相关的事物分析中寻找答案。我们常说的“左思右想”“思前想后”就是运用了这种思维方式。

（10）递进思维。

递进思维以现状为起点，以最终目标为方向，有条理、有步骤、有序地进行递进思考，由浅入深，逐步深化，最终达到想要的目标或结果。例如，数学运算中的多步运算就是运用了这种思维方式。

（11）想象思维。

想象思维是人们在联想中进行思维，即大脑通过形象化概括，对已有记忆表象进行加工、改造或重组，经过新的组合创造出新形象。它是形象思维的具体化，是人类进行创新活动的重要思维形式。

（12）分解思维。

分解思维又称分离思维，是将研究对象或问题进行科学分解，使其本质属性和发展规律从复杂现象中暴露出来，从每个部分及其相互关系中去寻找答案，从而使研究者能够厘清研究思路，抓住主要矛盾，以获得新思路或新成果的思维方式。

（13）推理思维。

推理思维是一种逻辑思维，通过一个或几个已知前提推出新判断（结论）的过程。在思维过程中，需要对一个事物进行分析、判断，得出结论，再以此类推，通过判断、推理去解答问题。

（14）对比思维。

对比思维通过对两种相同或不同的事物进行比较，寻找事物的异同及其本质与特性。例如，人们生活中的排序、目标完成情况、横向对比、纵向对比等都属于这种思维方式。

（15）交叉思维。

交叉思维是在寻找答案过程中，在一定的点暂停，同时从另一个方向寻找答案；也可以在同一个地方暂停，交叉汇合沟通思路，找出正确的答案。

（16）转化思维。

转化思维是在解决问题过程中遇到障碍时，把问题由一种形式转换成另一种形式，使问题变得更简单、更清晰的思维方式。

（17）跳跃思维。

跳跃思维又称跳跃式思维或跳跃性思维，即跳过事物中的某些中间环节，省略某些次要的过程，直接达到终点。该思维不依照逻辑步骤，直接从一种可能跳到另外一种可能，进一步推而广之到其他相关的可能。

（18）直觉思维。

直觉思维是对一个问题未经逐步分析，仅依据内因的感知迅速地对问题答案做出判断、猜想、设想。直觉思维是一种心理现象，是可以有意识地加以训练和培养的。

（19）渗透思维。

渗透思维是分析问题时，看到错综复杂的、互相渗透的因素，并通过对这些潜在因素关系的分析来解决问题。

（20）统摄思维。

统摄思维是用一个概念取代若干概念，并对事物进行高度抽象，把握事物的全貌，统摄推论各个环节。

（21）幻想思维。

幻想思维是人的思想天马行空，在毫无现实干扰的理想状态下，进行任意方向的发散，进行任何形态的幻想与思考。当然，幻想有时会脱离实际，无法避免错误的产生，但只要幻想最终能回到现实中并加以检验，错误就会被发现并纠正。

（22）灵感思维。

灵感思维常常以“一闪念”的形式出现，是由人们潜意识思维与显意识思维多次叠加形成的，一般凭借直觉进行，具有快速、顿悟性的表现。它是逻辑性与非逻辑性相统一的理性思维整体过程，是人们创造过程中出现的一种最富创造性的突破思维。

（23）平行思维。

平行思维是指从不同角度认知同一个问题的思考模式，它能够使人们跳出原有的认知框架，打破思维定式，通过转换思维角度和方向来重新构建新概念和新认知。平行思维能够促使人们进行创造性思考和建设性思考，看到解决问题的更多可能性。平行思维往往是为了解决一个较为大型的问题，需要从不同的方向寻求互不干扰、互不冲突的平行方法来解决问题的一种思路，也是发散思维的一种形式。

（24）组合思维。

组合思维又称连接思维或合向思维，是一种把多项貌似不相关的事物通过想象加以连接，从而使之变成彼此不可分割的新的整体的一种思考方式。在思维过程中，它通过对若干要素进行重新组合，产生新的事物或创意。

（25）辩证思维。

辩证思维通常以变化发展视角认识事物，是与逻辑思维相对立的一种思维方式。在思维过程中，事物可以在同一时间里“亦此亦彼”“亦真亦假”而无碍思维活动的正常进行。

（26）综合思维。

很多问题只靠一种思维方式是很难解决的，必须通过综合运用多种思维方式才能解决。综合思维就是把某一事物的某些要素分离出来，组接到另一事物或事物的某些要素上的创造性、创新性思维过程，其核心是将多种思维方式结合起来运用。

（四）思维的过程

思维是对信息反馈及加工的过程，典型的思维过程由准备、立题、搜索、捕获、解释构成。

1. 准备

准备是信息积累的阶段，人们通过学习性或搜集性的形式积累信息。学习性的积累可以没有具体目标，只为积累更多的知识，以利于今后解决更多的问题。当然，也可以有目的、有方向地进行积累，为后期的研究方向奠定基础。在“大众创业、万众创新”的时代，高校学生的信息积累更应该是多样的，学习的积累更多地应以提升自身综合素质，努力具备创新创业精神、创新创业素养、创新创业能力为方向，不管将来是就业还是创业，这都会为其奠定良好的基础。搜集性的信息积累一般有明确目标，具有针对性，为解决某个具体问题而进行。例如，学生团队在参与某个项目时，对项目进行相关信息、素材的积累、搜集，学生创业初期进行市场信息收集，等等。这类信息积累具有明显的目标性及针对性。

2. 立题

立题是思想上的跃升，是思维的一个新阶段。从信息的角度看，立题是思维主体对已经接收的基本信息的一个总的反映或跃迁、繁衍和深化的表现形式。在高校学生创新创业过程中，立题体现为对已经收集的项目信息或创业所需信息进行总体思考，进行有目的性的甄选，选择有用的信息进行再次深化、总结、思考，为后面的项目开展或创业运营打下基础。

3. 搜索

为解决问题，需要继续在原有的思维阶段进行新的思维，这就是搜索。搜索是明确目标下的思维，是围绕目标进行的有针对性的、全方位的思维。搜索的思维过程包括问题分解和设计搜索方案两个阶段，既可以运用个体思维、借助社会思维，也可以借助机械仪器。在高校学生创新创业过程中，围绕项目目的或经营目的，对信息进行新的加工，在加工的基础上得到进一步的信息，并能够针对问题提出针对性解决方案。

4. 捕获

捕获是解决问题的一种跃升。捕获有实事捕获和思想捕获两种形式。实事捕获常常来自资料查询和实验观察等。思想捕获更能使问题的解决跃上一个新的阶梯。在高校学生创新创业过程中，解决方案的实施会给项目或经营带来实事捕获，但更应该获取的是思想捕获。当高校学生在走向社会后的就业或创业过程中遇到类似问题或更困难的问题时，思想的捕获和升华将为他们提供更高层次的思维支持。

5. 解释

解释又称接通。解决问题的过程随着搜索、捕获而逐渐升级、明朗化，经适当步骤之后，再实行一次对全过程的综合整理，这个过程称为接通。在解决问题全过程中的每一个阶段，都需要接通思维。例如，在立题前的信息积累过程中，没有接通思维就不可能产生立题的飞跃。经过整体思维过程的经常性思考和训练积累，人们的思维才会产生质的飞跃。因此，高校学生在校期间，应抓住机会，在项目的锻炼中，在创业的经营中，突破思维的局限与障碍，最终实现思维方式的质的提升。

二、创新思维

创新思维是人类所独有的，它既有一般思维的特征，又有其独特的魅力特征。人类正是凭借着创新思维不断地认识世界、改造世界，不断地推动生产力变革。创新思维是人类思维中的精华部分，是人类智慧的结晶，是人类不断增强创造力和增加创新活动的基础。目前，国际上公认的21世纪重点研发的高新技术领域分别是信息技术、生物技术、新材料技术、新能源技术、空间技术和海洋技术等，它们将会带来世界性的又一次变革。一个国家、一个行业、一个企业、一个团队只有充分具备了创新思维，才能够在这个时期、在这些领域走得更远。

创新思维主要有以下三个层面：①创新思维和常规思维不同，需要突破常规思维，具有新的特点；②创新思维可以体现为方法或者解决方案，总体来说，是各种思维的综合运用；③创新思维的最终结果是产生新的社会价值或成果，以社会客观需要为前提。

在日常工作生活中，创新思维在本质上更重要的是将创新意识的感性愿望提升到理性的探索，实现创新活动由感性认识到理性思考的飞跃。

思维的创新性可以理解为具有独创性和新颖性。独创性也称原创性或初创性，是创作者经过独立创作产生的，具有非模仿性和差异性。独创性指在思路的探索、思维方式方法和思维结论上，都能提出新的创见，实现新的突破。独创性要求我们打破陈规旧俗，敢于想人之所未想或不敢想之事，做别人未做或不敢做之事。新颖性体现了我们思维的求异性。在创新活动中，尤其是初始阶段，对新颖性的要求非常高，因为人们更多地关注现象与本质、形式与内容的不一致，更多地关注差异。

创新思维的系统性主要是从系统创新的角度来说的，人们在创新活动过程中，需要对创新活动整体系统的组成要素之间的关系、结构、流程及环境进行动态的、全面的梳理，并依据其内在规律对创新活动进行有序的组织实施，以促进创新活动系统整体功能优化，使整个创新活动系统发生质变。在许多情况下，创新思维是对已有成果的系统综合，是对多种思维方法的系统综合应用，是对多种思维形态的综合运用。

创新思维的价值性在于它能够带来社会价值，不管是知识的增长、科技的进步，还是问题的解决、事物的发明、管理的改善。

第二节 思维定式与创新创业思维障碍

一、思维定式

（一）思维定式及其作用

所谓思维定式，就是按照已有的思维活动经验教训和已有的思维规律，在反复使用中所形成的比较稳定的、定型化的思维，也称惯性思维。思维定式往往是由以往活动经历造成的一种特殊心理准备状态或活动倾向性，对以后的感知、记忆、思维、情感等心理活动和行为活动起正向的或反向的推动作用。在环境不变的条件下，思维定式能够使人应用已掌握的方法迅速解决问题。而在情境发生变化时，它会妨碍人们采用新的方法。消极的思维定式是束缚创造性思维的枷锁。

思维定式有积极的作用，在解决相似问题过程中，可以将新问题特征与旧问题特征进行比较，抓住新旧问题的共同特征，将其与已有的知识和经验同问题情境建立联系，利用过去处理该类问题的知识和经验进行处理，或者把新问题转化成一个自己熟悉并已解决过的问题，从而为新问题的解决做好积极的心理准备。从这个角度来说，思维定式是有积极作用的，但也要注意以下问题：①思维定式解决问题需要有一个明确的方向和清晰的目标；②思维定式方法只是实现目标的手段，不同类型的问题总有相应的、常规的或特殊的解决方法，定式能帮助我们对症下药，是解题思维的核心；③思维定式解决问题是一个有目的、有计划的活动，必须有步骤地进行，并遵守规范化的要求。因此，采用按照常规处理问题的思维方式，发挥思维定式的积极作用可以省去许多摸索、试探的步骤，缩短思考时间，提高效率。

思维定式往往也具有很大的消极作用，如不利于创新思考和创造。个人已经形成的知识、经验、习惯都会使人们形成认知的固定倾向，从而影响后来的分析、判断。在生活中，很多人喜欢拿自己过去的经验和认知来对现实的事物或活动进行判断，并采取相对应的措施，殊不知，事物是发展变化的，同样的道理过去适用，不代表现在适用，甚至在一天之内乃至下一秒，情况都可能不同。因此，切忌静止、孤立地分析问题，要用动态的、发展的眼光看待问题。

（二）打破思维定式

高校学生在创新创业过程中，常常会遇到自己觉得无解的问题。其实，很多问题是可以解决的，只是受自己过去的知识和经验限制而难以解决。所以，在关注高校学生创业过程中，要充分重视导师或者咨询顾问的作用。在这一过程中，导师既可以是学校教师，也可以是企业经营管理者，他们的思维和解决问题的方式可以给学生更多的启迪，有助于学生增长相关的知识和经验，使他们有更多的可能性去打破思维定式。

二、创新创业思维障碍

（一）思维障碍

思维障碍通常指思维联想活动量和速度方面发生异常。心理学一般把思维障碍分为四类：概括过程障碍、思维动力障碍、思维动机成分障碍、思维内容障碍。常见的思维障碍有思维奔逸、思维迟缓、思维贫乏、思维破裂、思维散漫、思维中断、思维不连贯等。

（二）创新创业思维障碍产生的因素

在高校学生创新创业过程中，很多思维障碍往往是由思维定式造成的，以下因素也会造成思维障碍。

1. 经验定式导致思维障碍

在高校学生创新创业过程中，经验定式导致的思维障碍是经常发生的，有的学生受高中经历的影响，有的学生受家庭环境的影响，有的学生受周围同学、朋友的影响，做一件事情时常常拿自己以前所看到的东西作为依据，进而做出错误的判断，最后导致事情失败。

2. 从众定式导致思维障碍

在高校里，有相当一部分学生表现出从众行为。部分学生到了新的环境，为了使自己合群，不被同伴孤立，往往缺乏主见，跟随众人思维，经常做自己不愿意做的事情。这些情况对学生的成长非常不利，尤其是在创新创业过程中。

3. 权威定式导致思维障碍

在现实生活中，很多人也经常因为别人的影响而做出错误的判断。例如，有些人遇到难以解决的问题时，喜欢征求家族里影响较大的人的意见，而不是根据实际分析问题或者请教专业人士。权威的影响在社会中常见，所以高校学生在做事做人上要尊重他人的意见，但一定不能一味地盲从，尤其是在创新创业的路上，盲从往往是成功的绊脚石。

4. 规则定式导致思维障碍

在高校学生创新创业过程中，教条主义现象很常见。随着互联网时代的发展，很多新的商业模式、现象及经营方法都在变化，有些商业思维和商业逻辑（如商业经营）不一定能跟得上时代的发展。有些学生没有注意观察，往往忽略这些东西，只是遵循自己所了解的过去的商业信条，当把它们拿到市场中检验时才发现，有些东西不一定适用，所以学生要学习理解一些基本的商业原理，但也不能一味地遵循教条。在互联网时代，新的商业原理取代过去的商业原理不足为奇。

5. 简单思维定式导致思维障碍

高校学生在创新创业过程中，也经常会出现简单思维定式形成的思维障碍现象，他们只看到类似公司的盈利状况，却没有看到这些公司在整个经营过程中出现的亏损或失败，以及曾经的努力和刻苦。因此，有些东西是不能简单直接地拿来用的。

6. 书本定式导致思维障碍

有些高校学生在创新创业过程中，过于执着于书本，连写商业计划书都严格按照既有书本范例。在实际写商业计划过程中，我们要重点关注为什么写计划书、写计划书给谁看这类问题，而不是平铺直叙地采用同样的模板。俗话说，“尽信书不如无书”“纸上得来终觉浅，绝知此事要躬行”，高校学生在学习书本知识的过程中，要充分地联系实际。

7. 自我定式导致思维障碍

在创新创业过程中，很多学生过早地进入自我定式。有些学生过度自信，认为自己非常强大，完全可以立于不败之地；有些学生过度自卑，认为很多事情自己做不到，而忽略了人的潜能。因此，高校学生不要过早地进入自我定式，凡事要勇于尝试，相信自己可以做到。

8. 非理性定式导致思维障碍

一些高校学生在创业过程中也经常会出现这种情况：凭借一股热血和冲动去创业，然而，由于个人素质、物质基础等方面都没有准备好，最后以失败告终。所以，在非理性的情况下，尽量不要做决策，等冷静下来再思考，这样，决策出现错误的可能性会小很多。

9. 习惯性定式导致思维障碍

有些高校学生在创业过程中存在习惯性依赖，依赖的对象可能是家长、老师、同学、朋友。充分地听取和尊重周围人的意见没有问题，但一旦出现习惯性依赖，创业能否成功就不是自己能够决定的。

10. 时间管理不当导致思维障碍

高校学生在创新创业过程中，也经常会因为犹豫、拖延、时间管理不当而失败。懒惰是一些人的行为习惯，当没有足够的动力敦促勤奋时，个人的自觉性显得十分重要。大学的学习、生活更多地需要自觉性，创新创业中的学生更要及时地克制懒惰的欲望，这样才能走得更远。

11. 缺乏独立思考导致思维障碍

近年来，高校学生受骗的情况屡见不鲜。同样，经验、经历尚浅，缺乏思考，也是高校学生创新创业过程中的常见问题。因此，应支持高校学生在条件允许的情况下，积极地尝试做项目，甚至尝试创业，不论成功或失败，这种经历都值得他们进行认真总结与思考。

12. 缺乏兴趣导致思维障碍

有些学生在面临某些事情的时候，总会说“对不起，我不感兴趣”，还将其作为不做事情的理由，其实，这是一种不理智的行为。工作也好，创业也罢，不可能所有的事情都符合我们的兴趣。我们可以尝试着对它们产生兴趣，做这件事不过是我们通往成功路上的途径而已，能这样想，心态就会变得平和，做事的效果也会不一样。

第三节　主要的创新方法

一、头脑风暴法

（一）头脑风暴法的含义

头脑风暴法是在世界范围内应用最广泛、最普遍的创新方法，这种方法可以被应用于各个领域，并作为其他创新方法的基础。

头脑风暴最早是精神病理学上的术语，是精神病患者一种胡思乱想的思维状态。在创造学中，头脑风暴被引申为无限制的自由联想和讨论，其目的在于产生新观念或激发创造性设想。它指将少数人召集在一起，以会议的形式对某一问题进行自由的思考和联想，利用集体的思考，引导每个参加会议的人围绕中心议题广开言路、激发灵感，在自己的头脑中掀起风暴，毫无顾忌、畅所欲言地发表独立见解的一种创造性思维方法。它也是一种快速大量寻求解决问题构想的集体思考方法。

头脑风暴法也称智力激励法、BS（brain storming）法、畅谈法、集思法等。采用头脑风暴法组织群体决策时，要集中有关人员召开专题会议，主持人要以明确的方式向所有参会者阐明问题，说明会议的规则，尽力营造融洽轻松的会议气氛。主持人一般不发表意见，以免影响会议的自由气氛，由参会者自由地提出尽可能多的方案。与传统讨论会议比较，头脑风暴法克服了多数人的意见或一致意见的压力、老板或领导权威的影响，但也会出现参会者随意评判、部分参会者沉默或不够积极、讨论出的方案不够多等问题。

（二）头脑风暴法的基本原则

在运用头脑风暴法过程中，应遵循以下四项原则。

1. 延迟判断

延迟判断是指在提出设想阶段，只专心提出设想，而不进行评价。任何人都不允许对别人或自己的意见做任何评判，包括肯定性的评判，更不允许批驳。例如，“你这想法根本行不通”“这根本不可能”“这不符合常理”“我有一个不成熟的想法”“我有一个不一定行得通的想法”等否定他人或否定自己的句子，都不应该在会议上出现。参会者不必顾虑自己的想法是否离经叛道或荒唐可笑，要力求有独到见解和新奇观念。鼓励自由想象，设想看起来荒谬可能更有价值，一切对设想的评价都要在头脑风暴结束后进行。

2. 数量比质量更重要

数量产生质量。如果只追求方案的质量，容易将时间和精力集中在对该方案的完善和补充上，从而影响其他方案的提出和思路的开阔，也不利于调动所有参会者的积极性。意见越多，产生好意见的可能性越大。因此，头脑风暴法强调所有的活动应该以在给定的时间内获得尽可能多的方案为原则。全体参会者可以将彼此的观点作为依据，解放思想，无拘无束、独立思考问题，畅所欲言。

3. 鼓励提出各种离奇的假想

让参会者的心情像外出散步一样，在轻松的氛围下，如同与家人聊天，想到什么就说什么。这样有利于提出独特的见解甚至是异想天开的、荒唐的想法，便可能开辟新思维方式，提供比常规想法更好的解决方案。

4. 体现集体的智慧

会议应尽可能提供一种有助于把注意力高度集中于所讨论问题的环境，鼓励参与者对他人已经提出的设想进行补充、改进和综合，进而引发新的设想，形成一种创造性设想的连锁反应——共振思维。由于举行的是集体讨论会，某一个参会者的闪念可能会将许多人的联想点燃。俗话说的“三个臭皮匠，赛过一个诸葛亮”讲的就是这个道理。参会者相互启发，可以不费力气地提出许多新的想法。对别人的想法进行组合和改进而产生的想法是集体智慧的结晶。

（三）头脑风暴法的实施程序

头脑风暴法的具体实施程序通常分为五个步骤。

1. 确定议题

头脑风暴法适合解决单一明确的问题（如研究产品名称、广告口号、销售方法、产品的多样化等），不适合处理复杂、涉及面广的问题。对于后者，可以分解成若干简单的小议题，逐个解决。

议题的选择应尽可能具体，从平日悬而未决的问题出发，从合乎参会者层次和关心范围的议题入手，以参会者一直期待解决的问题为最佳，便于他们进行有效的联想。也可事先公开大议题，但不能保证参会者会围绕议题尽力思考、想出点子。因此，可将大议题细化，从接近参会者关心范围的议题开始，会取得更好的效果。

议题的内涵应该明确，不应模棱两可、似是而非。会议开始前，主持人应仔细阐述议题并附加必要的说明，使参会者能够收集确切的资料，按照正确的方向去思考问题。

2. 会前准备

（1）选定主持人和记录员。

主持人应善于启发和鼓励参会者进行思考和畅谈。为了让参会者相互激励，引发灵感的连锁反应，主持人在会议中应督促参会者在规定时间（5分钟）内将自己的灵感写下来，并要求他们在各自发言前将内容整理得清晰明了，以便记录员记录，进而让他人产生更多联想，激发更多灵感。

在参会者发言气氛相当热烈时，可能会出现许多违背头脑风暴法的四项原则的现象，如哄笑、公开评论他人意见等情况，此时主持人应当立即制止。

当许多灵感陆续被激发出来，而参会者也呈疲惫状时，主持人可以用“每个人再提出两个点子就结束”之类的话把控会议进程。为避免参会者太疲倦而产生厌倦情绪，主持人应控制好会议时间，一般建议控制在30分钟左右。会议结束后，主持人应表示感谢并鼓励和表扬大家。

记录员应依照发言顺序标号记录点子，当发言内容含糊不清时，应向发言者进行确认；当发言内容过长时，仅记录要点即可。字迹要清晰，版面应简洁整齐，确保每名参会者都能看清。

（2）小组成员的构成。

专家在头脑风暴法小组成员中所占比例不宜过多，专家人数太多，会在头脑风暴过程中做出各种评价，导致难以形成轻松自由的畅谈氛围。另外，小组成员最好背景不同，这样可以从不同层面和角度提出不同观点，避免出现相同背景下想法相似、产生的观点趋向于专业方向的常规思路。

（3）会前通知。

召开会议之前，应通知参会者，告知其会议目的，以便参会者事前做好准备工作，但要防止产生先入为主的印象。

3. 举行热身会

在小组成员较为缺乏经验的情况下，要想使参会者达到很高的思想水平，并迅速遵从“延迟判断”的原则尤为困难。因此，要在正式进行头脑风暴前安排预备会议，提早将讨论主题告知参会者，并附加必要的说明，使参会者能够按照正确的方向参与讨论、提出想法。热身的目的在于让参会者逐步全身心地投入，使大脑进入最佳状态。

4. 正式会议

正式会议的小组人数以5 ~ 10人为宜，人数过多很难使参会者充分发表意见。会议时间最好控制在0.5 ~ 1.0小时。由主持人宣布议题后，即可启发、鼓励参会者提出设想。记录员应根据参会者发言的顺序做好相应记录。

5. 加工处理

会议结束后，相关人员应该对所做记录进行分类整理并加以补充，然后将记录交给具备丰富经验和专业知识的专家组进行筛选。筛选应主要从可行性、应用效果、经济回报率、紧急性等多个角度进行，以选择最恰当的设想。

二、列举型创新方法

（一）列举型创新方法的含义

列举型创新方法（简称列举法）是一种对具体的特定现象（如特点、优点等）从逻辑上进行分析，并将其本质内容一一罗列出来，用以创造设想、找到发明创新主体的创新方法。它是一种运用发散性思维来克服思维定式的创新方法。

列举法的主要作用是帮助人们克服感知不敏锐的障碍，把思维从麻木、僵化的状态下解放出来，促使人们带着一种新奇感将事物的细节列举出来，全面思考一个熟悉事物的各种缺陷，改进老产品，开发新产品，尽量达到预期目的和指标。

列举法简单实用，是一种较为直接的创新方法，特别适用于新产品开发、旧产品改造的创新性发问过程。列举法的要点是将研究对象的属性、缺点、希望点等罗列出来，提出改进措施，形成独有创新的设想。

（二）列举型创新方法的作用与局限性

列举法主要有以下三方面作用。

1. 有助于克服心理障碍，改善思维方式，在创造发明活动中有实际的作用

人们在初次接触事物时，会有新鲜感，容易发现问题，但“少见多怪，见多不怪”，时间长了，便习以为常。此时，感知觉便处于饱和状态，有用的信息就不能输入进去了。想创造但无从下手，往往是因为习惯的惰性阻碍了的创造性思维，列举法的首要贡献就是克服这些障碍，让人以广泛搜索、不断挑剔、大胆幻想的思维方式实现创造发明的目标。

2. 有助于人们全面感知事物，防止遗漏

每个人的思维方式不尽相同，其感知方式也各具特色。在认识事物时，有的人注重视觉，有的人则擅用听觉、触觉、味觉或嗅觉；有的人惯用左脑，有的人则偏爱用右脑。借助于列举法，可深入思考事物的各个方面。例如，应用属性列举法时，要求将事物所有的属性列出，不许遗漏，这样必然有利于全面分析，产生较多的设想。

3. 有助于克服思维定式

判断对于解决问题是必要的，但过早的判断往往会阻碍思维的发散。与智力激励型创新方法的大胆设想、延迟判断原则相类似，列举法强调尽量全面地列举，避免过早地下结论，从而克服思维定式，获得更多的创新设想。

同时，列举法具有一定的局限性。一般来说，列举法因在分析问题时要求全面、精细，甚至比较烦琐，所以只适用于小的、简单的问题。且该方法不能最终解决问题，其主要作用是提供思路，进一步的实施还需要借助其他创新方法与手段。

（三）列举型创新方法的种类

按照所列举对象不同，列举法可以划分为属性列举法、缺点列举法、希望点列举法、成对列举法、综合列举法五种。

1. 属性列举法

属性列举法也称特性列举法，是由美国内布拉斯加大学罗伯特·克劳福德（Robert Crawford）创造的一种著名的创意思维策略，既适用于个人，也适用于群体。属性列举法首先将事物与课题的现有属性分门别类地、全面地罗列出来；然后在所列举的各项目下面试用可能取而代之的各种属性并加以置换，从中引出具有独特性的方案，再进行讨论和评价；最后找出可行性的创新设想或创新措施。属性列举法适用于革新或发明具体事物，特别适合于轻工业产品的改革，同时适用于行政措施、机构体制与工作方法的改进。

一般来说，有些产品（如口杯、闹钟等一些小产品）可以进行整体创新，但有些产品无法进行整体性的创新构思，必须是在一个个部件或性能特征得到创新构思后，才能最终形成一个总的构思方案。实际上，许多整体创新方案正是由多个布局方案创新组合形成的，缩小列举对象是通过对事物的分解实现的。分解就是对客体进行剖析，把它分解为若干互不交错的部分，如汽车可以分解为发动机、传送装置、轮胎、变速箱、外壳、安全系统等。除产品分解，还有管理目标、工作程序的分解等。

2. 缺点列举法

缺点列举法是将事物的缺点一一列举出来，然后针对发现的缺点提出改进设想，有的放矢地进行改革，从而获得创新成果。缺点列举法的运用基础是发现事物的缺点。虽然任何事物都有缺点，但是并非所有的人都会寻找缺点。应用缺点列举法时，首先要有某种“不满心理”和追求完美的动机。缺点列举法大都是围绕原事物的缺陷加以改进，通常不触动原事物的本质与整体，因而一般用在老产品的改进上。其次，缺点列举法也可用在还不够成熟的设想和新发明上，以便发现缺点，加以改进或优化，使创意更加完善。

3. 希望点列举法

希望点列举法是指发明创造者从个人愿望和需求出发，确定发明目标的创新方法。列举新的希望点，就是发现和揭示有待创造的方向或目标。只要能想出满足要求和希望的新点子、新创意和新方法，就意味着新创造的诞生。

满足需求和希望不仅是一切发明的出发点，而且是所有发明的最终目的。古今中外，世界上许多伟大的发明都是根据人们的希望创造出来的。人们希望升上天空，就发明了风筝、气球、飞机；人们希望冬暖夏凉，就发明了空调设备；人们希望在空中传递图像，就发明了电视；人们希望夜如白昼，就发明了电灯；人们希望快速计算，就发明了电子计算机；等等。现在，市场上许多新产品都是根据人们的希望研制出来的。例如，人们希望茶杯能保温，于是发明了保温杯；人们希望有一种能在暗处书写的笔，于是发明了内装电池，既可照明又可书写的光笔；在研制新服装时，人们提出希望，如不要纽扣、冬暖夏凉、免洗免熨、可变花色、两面可穿、重量轻、胖瘦可穿、脱下来可作提物袋等，现在，这些希望大都在日常生活中变成了现实。

希望点列举法不同于缺点列举法。缺点列举法大都围绕现有物品的缺点提出各种各样的改进设想，这种设想一般不会离开物品的原型，因而它是一种被动型的创造发明方法；而希望点列举法是一种超现实的略带幻想地罗列各种希望，它可以不受原有物品的束缚，因而是一种积极、主动的创造发明方法。

4. 成对列举法

当人们想要创造发明却又找不到研究项目时，可以采用成对列举法得到启发，从而找到好项目。成对列举法是列举两类不同事物的属性，并在这些属性之间进行组合，通过相互启发而发现发明目标的方法。这种方法既利用了属性列举法务求全面的特点，又克服了属性列举法中没有具体方法进行属性变换的弱点，因而更能启发思路，收到较好的效果。

成对列举法与属性列举法的区别如下：属性列举法首先列出研究对象自身的特征，然后分析这些特征，并找出新特征，最后引出新产品设想的方法，其过程与其他事物无关；成对列举法同时列出两类事物的属性，并在列举的基础上进行事物属性间的各种组合，从而获得发明设想。

5. 综合列举法

属性列举法、缺点列举法和希望点列举法都偏重从某一方面来开展创造性思维，因而在一定程度上也给创新带来了束缚。从根本上讲，创造应该是没有任何限制的，在发明创造时，可以综合运用上述多种方法，也就是综合列举法。

综合列举法是针对所确定的研究对象，从属性、缺点、希望点或其他任意创造思路出发列举出尽可能多的思路方向，并在每一个思路方向上运用发散思维进行分析筛选，寻找最佳创新思路的创新方法。

三、设问型创新方法

（一）设问型创新方法的含义

发明、创造、创新的关键是能够发现问题、提出问题。设问型创新方法（简称设问法）就是对任何事物都多问几个为什么。问题是创造的起点和源泉，是激发思想火花的导火线。对一个问题追根究底，有可能发现新的知识和疑问。要发明创造，必须先学会设问，也要善于设问。

设问法是现代生活中经常使用的一种推陈出新的方法，这种创新方法是围绕现有的事物，以书面或口头形式提出各种问题。通过提问，发现现有事物存在的问题和不足，找到要革新的方面，从而发明出新的事物来。具体来讲，就是有序地提出一些问题，使问题具体化，缩小需要探索和创新的范围，启发灵感，以提问的形式来启发创新思路，提出创新方案。

设问法的典型代表是奥斯本检核表法，较为常用的引申方法有和田十二法、“5W2H”法和系统提问法等。

（二）常用的设问型创新方法

1. 奥斯本检核表法

被称为“创造学之父”的美国BBDO广告公司创始人奥斯本（A.F.Osborn）提出过许多创新方法，他发明的奥斯本检核表法是设问法中最为典型的一种，是创造学界颇具盛名、颇受欢迎的创新方法，也是提示人们进行创造性想象的工具。

奥斯本检核表法又称检核表法、设想提问法或分项检查法。它是根据需要解决的问题或者进行创造发明的对象列出有关问题，逐个对它们进行分析，从中获得解决问题和创造发明的设想的方法。

由于设问的形式能使作答者处于较为自然、轻松的状态，给人们可以商洽的感觉，往往对人启发较大，特别是针对尝试性的内容，用询问形式更为合理，因此奥斯本检核表中的各项具体内容基本采用了设问的形式。由于奥斯本检核表是先提出问题，再逐个进行分析、检验，因此它可以使思考更全面，也可以促使新思想产生。奥斯本检核表法是一种能够大量开发创造性设想的创新方法，几乎适用于任何类型与场合的创造活动，因此被称为“创新方法之母”。

2. 和田十二法

和田十二法是我国上海创新教育工作者许立言、张福奎在奥斯本检核表法的基础上，结合我国青少年小发明、小改革的特点提炼出来的创新方法，原称为“十二个聪明的方法”。它是一种有效的发明检核方法，也称为动词提示检核表法、思路提示法。其中的动词分别是加一加、减一减、扩一扩、缩一缩、变一变、改一改、联一联、学一学、代一代、搬一搬、反一反、定一定。和田十二法的原理源于奥斯本检核表法，它同样给发明创造提供了若干种考虑的方向。具体方法如下。

（1）加一加。

从添加、增加、附加、组合等角度考虑。例如，将吊灯和电扇组合形成灯扇，既美观，又节省空间，一举两得。

（2）减一减。

从删除、减少、减小、拆散、去除等角度考虑。例如，为使建筑管道安装省力、安全和高效，现在广泛采用了合成树脂制成的水管，这种水管与原来的水管相比，重量大大减轻。又如，一般而言，移动硬盘越小，越方便携带，销路越好。

（3）扩一扩。

从加大、扩充、延长、放大等角度考虑。例如，将彩色照片的版面扩大，有利于欣赏人物和风景。

（4）缩一缩。

从改小、缩短、缩小等角度考虑。例如，将大型电子管变为小的晶体管，制成丰富多彩的电器元件。

（5）变一变。

从改变形状、颜色、音响、味道、顺序等角度考虑。例如，手机、家电等变换模式。

（6）改一改。

对原有事物进行修改，使其消除缺点，变得更方便、更合理、更新颖。例如，以前的饮料大多用玻璃瓶装，运输、保管和使用都很不方便。后来改变它的包装材料，使用塑料、纸制软包装，极大地方便了人们的生活。同一种产品，有时卖点改一改就会畅销。

（7）联一联。

寻找某个事物的结果与其起因的联系，从事物的联系中找到解决办法或提出新的解决方案。例如，某知名品牌矿泉水通过用纯净水和矿泉水来养花的实验，让人联想到久喝纯净水对身体无益，从而提高了矿泉水的销量，也提升了自身的品牌地位。

（8）学一学。

学别人的做法，模仿现有事物的形态结构、原理等。例如，模仿海豚皮肤的特殊结构制成船只的外壳，使船只在航行中减小阻力。又如，模仿蛇的嘴巴能张大到超过自己头的特征，发明蛇口形晒衣架。使用这种衣架可以从上到下将衣物连竹竿一起夹住，更好地防止衣物被风吹落。

（9）代一代。

用一个事物（材料、零件、方法等）代替另一个事物。例如，用激光这把纤细的“手术刀”代替原来的金属手术刀，在电子计算机的控制下对人眼的角膜做矫正近视的手术，获得了极大的成功。

（10）搬一搬。

这种方法是指把一个事物搬到别的地方，将新事物移到别的领域，寻找新用途，等等。例如，先将电视上的拉杆天线“搬”到圆珠笔上，变成可伸缩的“教棒”圆珠笔；再将它“搬”到口杯上，设计出可伸缩的旅行杯。又如，将医学的电子计算机X线断层扫描技术（CT）应用到地下探矿作业中。

（11）反一反。

这种方法是指把一种东西或事物的正反、上下、左右、前后、横竖、里外等颠倒一下。例如，人们常用的泡茶方法是把茶叶从袋子里取出来放到茶杯里，用开水泡开，这样茶叶在水中会四散漂开，喝茶时如果不小心，茶叶会往嘴里钻。有人反其道而行，把茶叶留在袋内一块儿泡，这样就避免了常用喝茶方法的不便，于是袋泡茶应运而生。

（12）定一定。

为了解决某一问题或改造某件物品，提高学习、工作效率和防止可能发生的事故或疏漏等，需要做出一些规定。例如，药水瓶印上刻度、贴上标签，注明每天服用几次、什么时间服用、服几格；城市十字路口的交通信号灯规定通行和停止的时段。一般来说，制定标准和规则的企业能赚取更多的利润。例如，微软公司、英特尔公司都是行业标准的制定者，所以能够引领市场发展。

3.“5W2H”法

用英语中的七个疑问词来进行设问，这七个英文单位首字母正好是5个W和2个H，“5W2H”法因此得名。其中，“5W”是指why，what，when，who，where，“2H”是指how，how much。“5W2H”法也称七何分析法，是一种思考方法，也可以说是一种创新方法。它是对选定的项目、工序或操作，从原因（何因）、对象（何事）、时间（何时）、人员（何人）、地点（何地）、方法（何法）、多少（何值）七个方面提出的问题进行思考。这种思考办法可使思考的内容深化、科学化。

“5W2H”法的特点是把创新的思路科学系统化，抓住问题的关键。这种方法既可以减少漫无目标的胡思乱想，节约创新时间，又能有效地帮助人们突破陈旧框架，简单易记，使用方便。

“5W2H”法的实施程序包括三个方面：首先，从七个角度对一种现行的方法、产品或初步发现的问题进行分析；其次，找出关键点及目前不能解决的问题；最后，为可以解决的问题寻找改进措施，若不能解决，则进入下一个过程——问题的变换过程。

在非技术发明领域，如事务管理、经营、广告、扩大知名度、社会活动计划与组织等，由于其创造活动的内容与形式不同，每类活动都有自己特有的创新形式，因此不具有普遍适用的、有指导性的检核表。“5W2H”法表现出很强的普适性，具体可以用于以下三种情况。

第一种是在技术创造中，通过这七个方面的设问，可实现创造活动的有效管理。

第二种是在组织管理或创造活动出现问题或失误，需要查明原因时，可以从这七项内容中寻找。由于人们最初的计划不可能都是完善的，而且实施时事物复杂多变，因此做某种事情的动机、方式、时间、地点、对象等方面都可能会出现问题，在检核时，要对每一项都给予重视。

第三种是用于营销活动（如广告、推销、宣传等）或以扩大知名度为目的的公关活动。

“5W2H”还可以运用于其他方面，如点检制。所谓点检制，是一种对设备进行管理的方法，具体包括按照一定的标准和周期，对设备规定的部位进行检查，以便能在早期发现设备故障和隐患，及时加以修理调整，使设备保持规定的功能。值得一提的是，设备点检制不仅是一种检查方式，而且是一种制度和管理方法。

4. 系统提问法

系统提问法由庄寿强创建，是以系统发问为先导的创新方法。这种方法从事物的表象出发，找出它具备的所有特性或属性，将它们归纳上升为几大类。其具体步骤如下：首先找出事物一般的抽象属性；然后抛开事物已有的特征，进行发散式的想象，得到多种备选属性；最后通过发问的形式找出可行的创新方案。

四、类比型创新方法

（一）类比型创新方法的含义

类比型创新方法（简称类比法）是指利用类比方式从事技术发明创造和管理创造活动。它是在两种特定的事物间进行的，通过联想思维，把相同类型的两种事物联系起来，把未知的东西与已知的东西联系起来，把不同类型事物间的相似点联系起来，把陌生的对象与熟悉的对象联系起来，异中求同、同中求异，从而产生出崭新的创造设想及发明方案的一类方法。

类比法是一种重要的创新方法，古往今来，人类利用这种方法发明创造了无数的生活用品、生产工具、科学仪器等。类比法的典型方法是综摄法，引申方法有原型启发法、移植法和仿生法等。

利用类比法进行发明创造的操作程序如下。

（1）正确选择类比对象，围绕发明对象、创造目标来进行类比。

（2）发挥想象力。要对创造对象和类比客体进行深入分析与全面比较，从中找出包括表面、本质、外延、内涵、结构、材质、工艺、技术、功能、性能等方面的共同属性。

（3）在前两个程序的基础上，进行类比联想推理，最后得出结论。

在选择类比对象的时候，一般选择熟悉的、直观的事物，因为这类事物比较容易进行类比。例如，要设计汽艇的控制系统，可与汽车的控制系统进行类比：汽车能前进、后退，有不同的速度挡位，有车头灯、方向灯、喇叭等，那么设计的汽艇的控制系统也应具有这些设备。需要注意的是，我们更鼓励选择明显不同类、表面上毫不相关、跨度和距离很大的两种事物进行类比创造，因为这样产生的创造发明设想更具新颖性和突破性。

（二）类比型创新方法的分类

根据实际类比方式不同，可将类比法分为四种，即直接类比法、拟人类比法、幻想类比法、符号类比法。

1. 直接类比法

直接类比法是指从自然界的现象或人类社会已有的发明成果中寻找与创造对象类似的事物，并通过比较启发出创造性设想。

直接类比法包括以下三种类型。

第一种是外形类比。2008年北京奥运会上，国家游泳中心选用的“水立方”是根据中国传统文化和现代科技理念搭建而成的。在中国文化中，水是一种很重要的自然元素，能激发起人们欢乐的情绪。国家游泳中心在北京奥运会后成为北京最大的水上乐园，设计者针对各个年龄层次的人，开发各种水上娱乐方式，他们将这种设计理念称为“水立方”。为达到此目的，设计者将水的概念深化，不仅将水作为装饰因素，而且利用了其独特的微观结构。基于泡沫理念的设计灵感，他们为这个看似单位的“方盒子”包裹上一层建筑外皮，上面布满了酷似水分子结构的几种形状，表面覆盖的ETFE膜又赋予建筑冰晶状的外貌，使其具有独特的视觉效果，轮廓和外观变得柔和，水的神韵在建筑中得到了完美体现。

第二种是结构类比。早在公元4世纪的古希腊，数学家佩波斯就提出：蜂窝的优美形状，是自然界最有效劳动的代表。他猜想人们所见到的截面呈六边形的蜂窝，是蜜蜂采用最少量的蜂蜡建成的，他的这一猜想被称为“蜂窝猜想”。受自然蜂巢的启迪，人类通过长期研究和分析自然蜂窝结构的特点，创造性地发明了各种蜂窝复合结构材料及其制品，有的用于新材料和新产品的研发，有的用于改善现有产品的特性，有的用于解决结构设计中面临的难题，等等。高强度蜂窝纸板是近年来在欧美国家、日本和我国兴起的一种节省资源、保护生态环境、成本低廉的新型绿色环保包装材料，它具有轻、强、刚、稳四大优点，体现了一种全新的包装模式和观念。从体积上来讲，小如微型马达等电子产品，大到飞机发动机等大型机电产品；从重量而言，轻如几百克的移动电话，大到几吨重的汽车零部件，这些都可以采用蜂窝纸板进行包装。蜂窝纸板的应用已经显示出其具有的巨大优越性。而且，作为一种环保材料，它具有可自然降解、不污染环境和可循环再生利用等特点。不仅如此，使用1吨再生蜂窝纸材料，可以替代30～50米^{3}的木材，极大地减少了木材的使用量，保护了日益减少的森林资源。正是由于它所具备的众多优点，尤其是在节约资源和环保价格上的优势，蜂窝纸板正日益得到世界各国政府的鼓励和支持，在推广和应用上呈现出良好的局面。

第三种是功能类比。例如，蚂蚁在出去寻找食物时，会时常返回蚁穴里重新调整系统，以防迷路。蚂蚁不但通过路标来确定方向，而且拥有一种名为“路径整合器”的备份系统。该系统会对其走过的距离进行测量，并通过体内的罗盘不时地重新测算蚂蚁所在的位置。这使得蚂蚁在离开巢穴时即使走过的路和迷宫一样，也能找到返回巢穴的直线路径而减少路程。

2. 拟人类比法

拟人类比法又称亲身类比法，即把自身与问题的要素等同起来，从而得出更富创意的设想。在这个过程中，我们将自己的情感投射到对象身上，把自己变成对象，体验作为对象自己会如何、有何感觉。这是一种新的心理体验，是个人不再按照原来分析要素来考虑问题的方法。

3. 幻想类比法

幻想类比法就是将幻想中的事物与要解决的问题进行类比，由此产生新的思考问题的角度。借用幻想，由神话和传说中的大胆想象来启发思维，在许多时候是相当有效的。在这里，首先要强调的是，幻想类比法只是运用幻想激发想象力，幻想就像帮助人们过河的垫脚石，只是一个工具，并不是人们马上要实现的目标。

在设计中应用幻想类比法往往会得到奇异的效果。回想一下，小时候看《一千零一夜》时，你是不是憧憬着拥有一块阿拉伯飞毯？现在你看到的这块毯子虽然不能真正地带你飞翔，但你可以随心所欲地使用它。具有高度功能性和互动性的地毯为喜欢席地而坐的人们提供了选择的乐趣，它的背面有三个互相独立的气囊，使用附带的充气装置，你可以通过调整气囊中的空气容量来改变它的外观，当然这一切都是为了使你感到舒适，有了这种自选的随意性，可能最挑剔的人也会为之称道。

4. 符号类比法

符号类比法就是通过逆向思考、浓缩矛盾等技巧，在抽象的语言（符号）与具体的事物之间反复建立新的联系，从而从原有的观点中超脱出来，得到丰富的、新颖的方法。

符号类比法运用了"两面神思维"形式：对立事物的结合预示着矛盾，而且是自相矛盾，在科学研究中，碰到这种矛盾对立的现象，往往预示着将会有新的突破。符号类比法中的"浓缩矛盾"或"简约反差"，即用精练的、紧凑的、利落的语言形式去表达相互对立的、矛盾的属性。例如，"粗心的谨慎""痛苦的微笑""笔直的弯曲""摇摆的稳定"等。

（三）类比型创新方法的典型方法——综摄法

类比法的典型方法是综摄法。综摄法是英文"synectics method"的译称，意思是把表面上各种不同的事物结合在一起，也有人把综摄法翻译为提喻法、集思法、群辩法、分合法等。综摄法是指从已知的事物出发，将毫无联系的、不同的知识要素结合起来，从不同的角度分析未知的事物，从而使理想中的未知事物变成现实的过程。

综摄法是一种以类比为纽带进行联想的适用于集体创造的，且针对已有问题进行的专业的、系统的创造方法。它具有以下两种形式。

1. 变陌生为熟悉

人的机体和思维在本质上都排斥陌生的东西。当遇到陌生事物时，人们总是设法将它纳入一种可以接受的模式，然后逐渐了解这个陌生的事物。在解决新问题时，借助于分析将陌生的事物分解，尽可能地将其变为以前所熟悉的事物。计算机领域的术语"病毒""黑客"等都是利用人们较熟悉的语言来描述计算机专业的事物或现象，其实质就是"变陌生为熟悉"。

2. 变熟悉为陌生

要使人们的思维跳出已有的习惯是困难的，但又是非常重要的，因为只有跳出熟悉的专业领域，才能获得不同寻常的启示，得到独特的创新设想。创造性解决问题的实质不是了解问题后用旧的方式解决，而是以全新的方式、全新的角度，甚至是彻底改变以往的可靠、熟悉的观察问题和解决问题的方式来有意识地加以解决。这种对陌生的追求并不是因为对熟悉的东西感到厌倦而产生的。

（四）类比型创新方法的引申方法

1. 原型启发法

原型启发法也称垫脚石法，是指通过观察找到原型，在原型的启发下，产生创新设想的方法。它是一种最为笼统的类比方法。能够起启发作用的事物称为原型，原型可以来自生活、生产和实验。

原型启发法的特点如下：首先，在受到原型启发前，有时创造者的目标并没有确定，有时虽然确定了目标，但不是在有意识的寻找下发现原型；其次，原型启发法强调的是启发，但启发只是一个垫脚石，并不要求启发物与发明物之间有明显的、严格的相似关系，最终的发明物和启发物之间可能有很大的差别，甚至完全看不出启发物的痕迹。

原型启发法是根据人的创造性思维和运行方式，对偶然遇到的某些事物经过观察和分析，突然间启发出灵感的方法。它是以创新欲望为前提、以类比为基础而进行的一种创造活动。由于启发带有偶然性、机遇性，因此运用原型启发法需要具备一定的条件。例如，要有强烈的创新欲望，这样才能提高接受启发的敏感性；要明确问题的实质，以鉴别把握可能得到的启发；要增加信息量，扩大知识面，为启发创造更多机会；要能大胆猜测事物之间可能的联系，寻找启发的原型。

2. 移植法

创造学中的移植法是指将某个领域的原理、技术、手段、方法、结构或功能引用和渗透到其他领域，用以创造新事物的方法。从思维角度看，移植是一种侧向思维方法。它通过相似联想、直接类比，力求在表面上看来仿佛毫不相关的两个事物或现象之间寻找联系。

移植法是一种应用广泛的创新方法。通览人类的科学技术成果，可以在不少地方发现这种方法的应用，而且在21世纪高新技术领域中，此种方法被科学家普遍采用，如干细胞移植术治疗瘫痪患者、基因重组工程移植记忆等。与原型启发法相比，移植法是更为具体的类比，其发明物与启发物之间的相似之处更为明显。此外，发明者在运用移植法之前有明确的目标（即要移植的指向），它的特点是从目标出发来寻找被移植的对象。因此，移植往往不是先有原型后使人受到启发或让人模拟的，而是先有问题，再带着问题去寻找原型，并巧妙地将原型应用到所要解决的问题上。

移植法具有侧向移植和侧向外推两种运用技巧。

（1）侧向移植。

采用侧向移植，首先要分析问题的关系所在，即搞清创造目的与创造手段之间不协调、不适应的问题；然后借助联想、类比手段，找到被移植的对象，确定移植的具体形式和内容，并通过实验研究和设计活动实现发明创造。

侧向移植包括技术原理的移植、技术手段的移植两种类型。

① 由于揭示了大部分技术对象的共性规律，技术原理的移植成为许多专业技术的共同基础。对这种基本的技术原理，只要根据不同的技术要求和技术目的，采用不同的物质手段，就可以物化为不同的技术。当一种技术原理最初在某一特殊技术领域实现后，经过适当提炼，就很容易移植到其他技术领域或其他技术对象上，从而产生新的创新方案。

② 技术手段的移植是把一个领域中的技术装置程序或方法移植到另一个技术领域，再根据新的技术要求对其进行变换和组合，从而产生新的技术发明的侧向移植类型。

应用侧向移植时，要注意两个关键问题：一是要注意打破传统的思维定式；二是要注意打破专业的界限。

（2）侧向外推。

当取得一项发明或看到感兴趣的方法后，将它推广应用到其他领域，也就是寻找它的新用途，这就是侧向外推。从思维角度看，侧向外推是一种侧向思维方法。这一点与侧向移植是一致的。两者都是将某个领域的原理、技术、方法引用或渗透到其他领域，用以改造或创造新的事物。从发明者的角度看，侧向外推是先有发明，再试着把它向其他领域引申和推广；而侧向移植是试着把其他领域的技术拿过来为己所用。显然，两者只是方向不同。

侧向移植与侧向外推的不同之处在于：一是侧向移植是先有问题后有答案（办法），侧向外推是先有答案（办法）后找问题；二是侧向移植是在掌握方法之前积极去“寻找”和“引用”，侧向外推是在掌握方法（发现）后积极去“推出”和“输出”。对于某个发明主体来说，侧向移植和侧向外推是其应用移植发明的两个不同阶段和环节。侧向移植是发明创造的第一阶段，是寻求一个好办法的环节；侧向外推是发明创造的第二阶段，是将好的发明创造推向更好的领域，是扩充运用这个好办法的环节。对于不同的发明主体而言，两者的区别是没有什么实际意义的。例如，激光技术被第一个人应用到工业上，研制出激光打孔机，这无疑是侧向移植。随后，他又将这项技术应用到其他领域研制出激光定向仪，这无疑是侧向外推。但如果第二个人受到第一个人研制激光打印机的启发，将它应用到另外的领域，研制出全息照相机，那么对第二个人来说，这既可以看作侧向移植，也可以看作侧向外推，只能依照他的主观进行判断。如果他先掌握了激光技术，然后想到移植，就是侧向外推；反之，就是侧向移植。

由于侧向外推也是运用移植法的原理，因此侧向移植的主要方法（途径）也适用于侧向外推，具体包括以下两个方面。

① 技术原理的外推。例如，将微波炉的工作原理外推到筑路领域，研制成微波筑路机加热沥青，取得了很好的效果。

② 技术功能的外推。例如，在自然界，河川中夹杂的有机物流入海洋却并不会使海洋受到污染，原因是海洋中生长着能消化有机物的净化细菌，有机物经它们的消化后，会变成水和一氧化碳。环保专家将此功能移植于废水处理过程——引进净化细菌并让它大量繁殖，以达到去污变清的目的。这就是污水处理的活性污泥处理法。

3. 仿生法

仿生法是指通过模拟生物的结构、功能或原理等来进行发明创造的方法。

每种生物都有别的生物所不具备的特点和奇妙的功能，如蝙蝠可以发出和听到超声波，螳螂可以在0.05秒内计算出飞掠眼前的小昆虫的速度、方向和距离，犬的鼻子可以感觉出200万种物质和不同浓度的气味。这些功能是人类不具备的。而人脑的思维、创造功能却又是其他生物望尘莫及的。与生物构成的天然性相比，人创造的人工自然技术只有短暂的历史，人们在一些技术上所遇到的困难或问题，生物界早就在进化过程中妥善地解决了。生物的特点和功能加上人类的创造功能和技术手段，使得人们借鉴生物来解决大量的技术难题或创造出更新的技术成为可能。例如，长颈鹿的脖子很长，大脑与心脏的距离大约是3米，要使血液能输送到头部，血压相对要高，大约是人体的2倍。但当长颈鹿低头喝水时，血液却没有一股脑儿地涌向头部。这是由于裹在长颈鹿身体表面的一层厚皮起了作用。长颈鹿低头时，厚皮紧紧地箍住血管，限制了血压，使其不会因血压突然升高而发生意外。科学家依照长颈鹿厚皮的原理设计出抗荷飞行服，飞行员穿上后，在一定程度上起到了限制血压的作用，当飞行加速时，抗荷飞行服既能压缩空气，也能对血管产生一定的压力，就此而言，比长颈鹿的厚皮更为高明。

五、组合型创新方法

组合在创新活动中极为常见并被广泛运用。在现代技术开发中，组合型成果占全部发明创造的60%～70%。

（一）组合型创新方法的含义

组合型创新方法（简称组合法）是以两个或多个事物为基础，按照一定的原理或目的，进行有效组合而产生的创新方法。在当今世界，属于首创、原创的创新成果很少，大多数创新成果都是采用组合法而取得的。在进行创新时，组合只要合理有效，就是一项成功的创新。组合法的特点在于以组合为核心，把表面上似乎不相关的事物有机地结合在一起，合多而一，所有特征都为单一目的起作用，并相互支持、促进与补充，从而产生意想不到、奇妙新颖的创新成果。

（二）组合型创新方法的常见形式

1. 功能组合

功能组合就是把不同物品的不同功能、不同用途组合到一个新的物品上，使之具有多种功能和用途。例如，按摩椅就是按摩功能和椅子功能的结合体；具有计算功能的闹钟也是一种新的组合。被世界各国视为珍品的瑞士军刀中有一种被称为“瑞士冠军”的款式，是由大刀、小刀、木塞拔、开罐器、螺丝刀、开瓶器、电线剥皮器、钻孔锥、剪刀、钩子、木锯、凿子、钳子、放大镜、圆珠笔等31种工具组合而成的。携一把刀等于带了一个工具箱，但整把军刀长只有9厘米，重量只有185克，完美得令人难以置信。

2. 意义组合

意义组合后功能不变，但被赋予了新的意义。例如，在文化衫上印上旅游景点的标志和名字，就变成了具有纪念意义的旅游商品。同样，一本著作有了作者的亲笔签名，其意义也会不同。

3. 构造组合

把两种东西组合在一起，它便有了新的结构和实用功能。例如，房车就是房屋与汽车的组合，它不仅可以作为交通工具，而且可以作为居住的场所。电脑桌也是一种构造组合的结果。

4. 成分组合

两种物品成分不相同，组合在一起后，构成了一种新的产品。例如，将柠檬和红茶组合在一起，开发出柠檬茶。调酒师调制鸡尾酒采用的也是一种不同的成分组合。

5. 原理组合

把原理相同的两种物品组合在一起，能产生一种新产品。例如，将几个相同的衣服架组合在一起，可构成一个多层挂衣架，分别挂上衣和裤子，从而达到充分利用衣柜空间的目的。

6. 材料组合

不同材料组合在一起，不仅可以改善原物品的功能，而且能够带来新的经济效益。例如，目前电力工业使用的远距离电缆，其芯用铁制造，而外层用铜制造，由两种材料组合制成的新电缆不仅保持了原有材料的优点（铜的导电性能好，铁的硬度高不下垂），而且大大降低了输电成本。

（三）组合型创新法的典型方法——形态分析法

形态分析法是借助形态学的概念和原理，通过对创造对象的构成要素进行分析（因素分析），对构成要素所要求的功能属性进行分析（形态分析），列出各因素可能的全部形态（包括技术手段），在因素分析和形态分析的基础上，采取表格的形式进行方案聚合，再从聚合的方案中择优的一种系统思维方法。其具体做法是将创新课题分解为若干相互独立的基本因素，找出实现每个因素功能所要求的技术手段或形态，然后加以排列组合，得到多种解决问题的方案，最后筛选出最优方案。

形态分析法的实施步骤如下。

1. 确定创新对象

确定创新对象，即明确需要解决的问题和研究的目标。确定创新对象，必须十分准确地表述所要解决的创新课题或所要实现的功能，包括该创新对象所要达到的目的等。

2. 基本因素分析

基本因素分析，即确定创新对象有哪些基本因素，筛选出有助于解决问题的所有基本因素，给每个基本因素尽可能多的选择值，编制形态特征表。这是应用形态分析法的重要环节，是确保获取创新设想的基础。

在进行基本因素分析时，要使确定的因素满足两个基本要求：第一，其在功能上应该是相对独立的和全面的，不要遗漏重要因素；第二，其在数量上应该是适当的，若数量大，会使系统过大，增加下一步工作难度，这样组合时会过于繁杂、很不方便。

3. 形态分析

形态分析是寻找每个基本因素的可能解决方案（形态），分别列出与各基本因素相对应的形态。列出的形态要求尽量全面，尽可能地列出无论是本专业领域还是其他专业领域所有具有这种功能特征的形态。

4. 形态组合

形态组合是根据对创新对象的总体功能要求，分别把各因素的各形态一一交叉组合，绘制成形态图，形成解决方案的图解，以获得所有可能的组合设想。

5. 评价选择最合理的具体方案

由于形态分析法会产生多种方案，因此一般采用新颖性、先进性和实用性的标准进行初选；选出少数较好的设想后，进行综合评价；通过进一步具体化，好中选优，最后选出最佳方案。

（四）创新方法的引申方法

1. 信息交合法

信息交合法是由我国创造学研究者许国泰提出的。其具体做法是把若干种信息排列在各自的线性轴标上，将它们进行交合，形成“信息反应场”，每一轴标上的各信息依次与另一轴标各点上的信息交合而产生新的组合信息。信息交合法的实质是将现有事物进行分解，然后借助辐射状的标线重新组合成新事物，是一种在信息交合中进行创新的方法。信息交合法的基本内容如下：一切创造活动都是信息的运算、交合、复制和繁殖的活动。借用坐标方法，设一个信息为一个要素，同一类或同一系统信息按照要素展开，用一条线串起来，这条线称为信息标。要使信息交合，就要提供一个能使信息“反应”的“场”，这个场称为“信息反应场”，最少由两维信息标相连而成，当然也可以是多维的。各信息标上的要素沿垂直于信息坐标的方向延伸，产生许许多多的交合点，即所谓信息交互所产生的信息，其中便可能有新的有价值的信息。

信息交合法的原则：① 整体分解原则。先把对象及其相关条件整体加以分解，按照序列得出要素。② 信息交合原则。以一个信息标上的要素信息为母本，以另一个信息标上的要素信息为父本，相交合后可产生新信息。各个信息标上的每个要素都要逐一与另一个信息标上的各个要素相交合。③ 结晶筛选原则。通过对方案的筛选，找出更好的方案。如果研究的是新产品开发问题，那么在筛选时，应注意新产品的实用性、经济性、易生产性和市场可接受性等。

信息交合法的具体步骤：① 定中心。确定立体信息场的聚集原点。确定一个中心，即零坐标。例如，研究“笔”的革新，就应以“笔”为中心。② 画标线。根据信息基点的需要画几条坐标线。绘出若干标线，如研究“肠”，则在“肠”的中心点画出肉禽类、水产类等坐标线。③ 注标点。在各个信息坐标线上注明有关信息点，如在水产类坐标上注明虾类、鱿鱼、海米等。④ 相交合。若干信息标形成“信息反应场”，信息在“信息反应场”中交合，以一个坐标线上的信息为“母本”，另一个坐标线上的信息为“父本”，彼此相交后即产生新信息。从这些新信息中可以发现某些有价值的新设想。通过上述四步，信息相交就能够产生出无数新信息。然后，根据需要和生产条件，可以连续不断地开发、设计、制造出一系列新产品，甚至可以创造出能引起顾客购买欲的各种各样的稀奇古怪的新产品。

2. 主体附加法

主体附加法又称添加法、主体内插式法等，是指以某一特定的事物为主体，通过补充、置换或插入新的事物，从而得到新的有价值的整体。它是一种“锦上添花”的方式，在主体附加组合中，主体事物的性能基本上保持不变，附加物只是对主体起补充、完善或充分利用主体功能的作用。附加物既可以是已有的事物，也可以是为主体设计的附加事物。

主体附加法的具体步骤如下：首先要确定主体附加的目的，可以通过全面分析主体的缺点，围绕这些缺点提出解决方案，再通过增加附属物来达到改善主体功能的目的。其次，根据附加目的确定附加物。主体附加组合的创新性在很大程度上取决于附加物的选择。选择别开生面的附加物，能使主体产生新的功能和价值，以增加其实用性，从而增加其竞争力。

3. 分解法

分解法是一种将看似一个整体的事物（原理、结构、功能、用途）经过巧妙地分割，形成创新的方法。例如，将电话座机的机身抽离，对听筒部分加以改造和完善，变成了手机。把手套的指套部分分解出来，成为单独的产品——卫生指套。用无菌塑料薄膜做成的指套附在食品包装中，在食用前将指套套在手指上，以防手指上的细菌污染食品，更适合旅行时使用。分解法有两种情况：一种是“分解成若干部分”仍构成“一个整体”，但有了新的功能，这是一种分解而不分立的创新；另一种是从“一个整体”中分解出某个组成部分或某几个组成部分，由此构成功能独立的新的“一个整体”，这是一种既分解又分立的创新。

分解法和组合法虽然是不同的创新技法，但以现有事物的功能为前提、以改变功能为目的，完善旧功能、增添新功能、开发新产品，是这两种创新方法的同一思路。组合法作为一种创新方法早就引起人们的注意，并在创新实践中得到广泛应用；分解法却长期被人们忽视，许多人至今对这一创新方法感到陌生。

按照分解前后的功能对比，可以将分解法分成以下两类。

（1）原功用分解。

将某个整体分成若干部分或分出某一部分作为一个新整体时，其功能结构同与作为整体时的功能目的一样，这样的分解创新称为原功用分解。虽然原功用分解后的功能目的、功能结构基本不变，但经过分解，功能的性能、效果、表现形式、载体、代价、寿命、意义等发生了变化，就可能产生新的价值。例如，地毯在使用过程中有诸多不便，不便于清洗、更换，花色、花样比较单调。有人把地毯任意组合，使得清洗和更换十分方便，且可以随心所欲地进行拼装。

（2）变功用分解。

将某个整体分成若干部分或分出某一部分作为一个新的整体和新的组合整体时，其结构基本不变，功能却不同于整体原来的功能，这样的分解创新称为变功用分解。变功用分解创新追求的是功能的变化。例如，将自行车分解成独轮自行车，虽然其功能结构基本不变，但是功能目的发生了变化，其用途不再是代步，而是成为杂技表演的道具。

第四节　创新意识培养

一、培养独立意识

培养创新意识时，要注意对独立意识的培养，即培养自己独立的人格，发展独立获取知识、钻研问题的能力，不依赖别人，不盲从他人。独立意识包括两方面内容：一是思想方面的独立性，即独立思考和判断的能力；二是实践方面的独立性，即学习工作、社会交往等方面独立处理问题或事情的行为能力及生活上的独立自理能力。个体的创造性是在后天的实践中形成的，其发挥作用也受到多种因素的影响和制约，最关键的因素就是独立性。具备独立性并非一定具备创造性，但没有独立性绝不可能有创造性。创造性与独立性等非智力因素比智力因素更能决定一个人的成败，在这一点上，独立性比创造性更重要。

培养独立意识是培养创新意识的前提。

（一）大学生要加强自身的知识储备，培养自立、自强精神

大学生在学习过程中要开阔视野、储备知识，并力求融会贯通，将所学知识转化为独立解决问题的能力。当遇到困难时，自觉地从头脑的知识储备中过滤出需要的信息，进而找到解决问题的方法和途径。此外，要注重对最新理论、最新技术和最新信息的了解，不断探求新的知识，努力掌握社会、文化、科技发展的新动向。

自立是指立足自身奋斗，不依赖他人；自强是指不安于现状，勤奋、独立、自主的精神状态，是一种强烈的、改变自我状态的向上驱动力。

（二）大学生要融入同辈的独立群体

同辈群体又称同龄群体，是由一些年龄、兴趣、爱好、态度、价值观、社会地位等方面较为接近的人组成的一种非正式初级群体。大学生同辈群体间的交往频繁，时常聚集，会对彼此有很大影响。大学生要充分利用同伴的影响作用，在生活和学习上多与独立性较强的同学、朋友沟通和交流，将他们的行为作为评定自己行为的参照，从而不断发现自我、认识自我、完善自我。

二、培养独立思考的习惯

要真正实现创新，在理论和实践上获得首创和突破，就要敢于对现有研究成果产生怀疑，敢于否定和超越。

（1）大学生在学习过程中，要养成随时收集、记录学习和生活过程中产生的疑问的习惯。大学生每天要抽出时间整理疑难问题，针对问题进行思考，或者请教老师和同学，并记录下来；同时要经常给自己和别人提问题。

（2）要加强学习，具备一定的知识和智力水平，掌握一定的创造性思维方法，从不同角度提出有价值的问题。要充分重视别人解决问题的方法，探讨别人处理问题的途径，善于从比较中学习，从而纠正自己的错误，发现问题的缘由。

（3）要有坚持真理、挑战权威的勇气。只要有疑问，就要敢于怀疑；有了怀疑，再去求证。即使错了，也会获得经验。在答疑解惑过程中，可以展开争论，激发自己的灵感，发挥集体的智慧，做到相互启发。

三、培养合作意识

要进行创新，光靠个人的力量很难完成，必须相互协作。合作是指两个或两个以上的个体为了实现共同目标（共同利益）而自愿地结合在一起，通过相互之间的配合和协调（包括言语和行为）而实现共同目标，最终使个人利益也获得满足的一种社会交往活动。培养大学生之间的合作精神，能促进其学习能力的提高。

合作意识很难通过讲座或讨论形式得到培养，而需要通过某种活动、人与人的交往过程、共同完成任务，以及分享成果、共同承担责任来培养。

当今社会，合作和竞争并存，在竞争的基础上合作，在合作的基础上竞争，这一时代特征表象越来越明显，大学生应树立竞争意识，并将竞争纳入有序的状态和友好合作的氛围。

四、培养风险意识

创新意识和冒险精神是创新创业的内在要求。创新是走前人没有走过的路，难免会遇到困难和挫折，因而需要有冒险精神、胆略和胆识。创业实践时要有风险意识，还要有克服困难的勇气和百折不挠的意志。大学生要敢于幻想、大胆试验，做敢作敢为、勇于创新的人。只有努力保持风险意识和冒险精神的平衡，保持理性思维，才能降低风险和损失。

（一）提高自身对风险的预见性及防范能力

大学生要正确认识个人成长过程中可能遇到的各种风险，如不合理饮食、缺乏运动、睡眠不足导致的“亚健康”风险，就业创业过程中遇到各种陷阱而导致的人身、财产风险等，树立正确的世界观、人生观、价值观，形成完善的人格素养。

（二）树立正确的风险意识观念

大学生要认识到解决风险有助于积累经验、总结不足、更好地提升自我。风险是包含积极因素的，也是机会和创新的动力。因此，既要看到风险带来的挑战，增强对风险的预警；也要看到风险中孕育的机会和希望。树立科学的风险观，增强抵御风险的能力，能减弱风险带来的危害。

五、发展全面思维的品质

思维品质是人的思维的个性特征，反映每个个体智力或思维水平的差异。

（一）发展思维的广阔性

发展思维的广阔性，是指能全面而细致地考虑问题，即考虑问题的整体和细节、本质和相关的其他条件。思维的广阔性以丰富的知识为依据，要求从事物的不同方面和不同联系上考虑问题，从而避免片面性和狭隘性。

（二）发展思维的批判性

发展思维的批判性，是指能使自己的思维受到已知客观事物的充分检验。思维的批判性以广阔性为基础，是一种既善于从实际出发，又善于独立思考的思维品质。

（三）发展思维的深刻性

发展思维的深刻性，是指能深入事物的本质去考虑问题。思维的深刻性以批判性为前提，即只有通过客观事物的充分检验，丢掉不符合实际的假设，保留符合实际并能真正解决问题的假设，才能为思维的深刻性创造必要的条件。

（四）发展思维的灵活性

发展思维的灵活性，是指一个人的思维活动能根据客观情况的变化而变化，即能根据所发现的新事实，及时修改自己原来的想法，使思维从成见和教条中解放出来。

（五）发展思维的敏捷性

发展思维的敏捷性，是指能在很短的时间内提出解决问题的正确意见，即在解决问题时，能够当机立断，不徘徊、不犹豫。思维的敏捷性是所有优良思维品质的集中表现。

第五节 创新创业能力培养

一、大学生创新创业能力培养的重要性

（一）现阶段高校教育的要求

如今，很多高校都设置了创新创业教育这一课程，在新时代大学生的自我素质提升中，创新创业教育也是十分重要的一个环节。近年来，大学生的人数越来越多，就业形势十分严峻，因此，各大高校要对在校大学生的就业方案进行调整，对创新创业教育资源进行整合，提升大学生的创新创业素养，帮助大学生树立正确的职业理念和信念，增强创新创业意识，提高创新创业能力。创新创业教育能够促进高校和社会的发展，提升大学生的就业质量。

（二）当代社会发展的要求

新时代，社会的各个领域都在飞速发展，这就要求高校培养出越来越多元化的人才。如果大学生只注重学习而缺乏实践，没有较高的综合素质和创业能力，那么在就业时容易被用人单位拒绝，无法顺利就业。对于国家与社会来说，大学生是希望，国家若要强大、具备更高的竞争力，就必须提高大学生的综合能力。所以，高校的教育模式应当更加多元化，并加入创新创业教育，使大学生的创新思维和实践能力得到提高，从而具备更强的竞争力，以满足社会对人才的需要。

二、大学生创新创业能力的培养方法

（一）转变培养理念

全面发展、优先培育德育是当代大环境对高校培育学生的要求，家长和教师要注重这一要求，使大学生能够在成长过程中具备新时代所需要的创新创业意识。家长应该更加重视学生的思考能力，而不是分数；当前教育应该更注重创新意识和责任心的培养，要提高学生的综合能力，改变传统的教学方式，依据学生的认知能力进行课程和教学的创新。

（二）优化师资力量

具有较高能力和素质的师资队伍，是高校创新创业教育有序推动的基础。但是许多教师并没有达到这一要求，师资问题依然十分严峻。有的教师缺乏创业经历和意识，有的教师刚毕业并没有经验，因此师资力量紧缺。在教学中，一些教师无法将创新创业知识和实践有机结合，导致学生无法得到高质量的创新创业教育，通过创新创业教育课程提升学生的综合能力，以教育带动学生就业的目标就无法实现。可见，对高校创新创业教育师资力量的优化是必要的。

（三）构建实践教学体系

在创新创业教育过程中，不能单一地培养学生的创新创业意识，还要将这种意识投入实践，使学生的能力得到根本性的提高。因此，要想创新创业教育取得明显的效果，实践是根本途径。实践教学的过程比较系统且复杂，需要师资队伍的协同努力和高校领导的重视。为保障创新创业教育有序进行，高校可以设立相应的制度和实践活动中心，满足学生的实践需求，提升学生的综合能力。为了激励学生参与创新创业实践，高校也可以举办一些相关比赛。

此外，社会和个人都对提高大学生的创新创业能力存在需求。创新创业教育的实施能促进我国经济和社会迅速发展。在创新创业能力的培养中，大学生的潜力会得到一定程度的发掘，同时能促使其对未来的职业生涯进行规划。因此，高校应当转变传统的教学模式，结合自身的优势和资源，创建更加完善的创新创业教育体系。

第三章
创新创业团队建设与资源整合

第一节　创新创业团队建设

一、创新创业团队建设概述

在创新创业过程中，必须重视创新创业团队建设。

（一）团队和群体

团队不等同于群体，团队中的成员可以互相交换自己的工作岗位，贡献互补。以下是团队和群体的主要区别。

（1）为了达成团队的目标，团队成员需要承担两方面的责任，即个人责任和团队责任；在完成工作目标过程中，群体的成员只承担个人责任。

（2）团队整体是团队绩效评估的对象，但个人表现决定了群体的绩效评估。

（3）成员之间的合作与协调是实现团队目标的必要因素，但这在群体目标的达成中不是必要的。

（4）团队成员之间的相互合作是团队成功的必要因素，因此，团队比群体要具备更加完善的决策参与、信息共享和角色定位等。

（二）团队角色

1. 团队培养者

团队中具有较高智商的是思想原创者，他们是团队的培养者，在团队遇到难题或产生新思想时可以提供帮助。与团队中的其他成员相比，培养者具有不同的思维，以及更加丰富的想象力和全面的思考方式。但他们的兴趣跳跃较快，不会过多地关注细节问题。由于细小错误时常发生，因此他们的思想并不一定适合实施。

培养者喜欢的工作环境是平等且独立的。他们的个人能力较强，往往会独立处事，很在意他人的评价，但不愿与人交流，对他人的想法不太在意，希望别人顺从自己的想法。在时间的分配上，培养者更愿意去做一些不符合团队目标的工作。培养者之间会互相竞争，不善于听取他人的建议，因此不应把过多的培养者聚集在一起，否则团队效率会大大下降。

2. 团队资源搜索者

资源搜索者的身上虽然也存在创造力，但他们往往不会创造想法，而是研究他人的原始想法。他们具有随和外向的性格，受人欢迎，喜欢社交，具备独立思考的能力，在交谈时往往刨根问底，喜欢与他人谈判。他们能够为团队带来巨大的正能量，激励团队成员积极向上。

资源搜索者往往会较多地与外界接触，可以对外界的有效信息进行迅速挖掘，并进行研究。他们能够激发其他成员的热情，使成员不至于停滞不前。

环境是影响资源搜索者的一大要素。资源搜索者的激情是建立在团队成员的积极反馈和配合上的。只有团队成员积极反馈与配合，他们才能保持兴趣，将项目进行下去。

3. 团队协调者

对于内部程序，协调者会严格遵守，项目的最终目标是他们的着眼点。协调者能够为团队带来较高的凝聚力，带动团队朝着共同目标努力，是团队成员尊重的对象。

协调者具有权威和自信，能够及时发现他人的优点并进行沟通，可以合理地分配不同成员的工作，将团队内部成员的角色进行定位。团队领导往往是协调者，但协调者的价值不一定只在领导层面才能体现。

协调者虽然不一定比其他人更具有智慧，但他们的思想更加成熟，能够清晰地辨别他人的优势，带动团队朝着目标努力。他们更加关注团队成员的情感和观点，能提升团队凝聚力。

4. 团队塑造者

塑造者缺乏耐心，较为偏执，容易冲动。他们有旺盛的精力，喜欢迎接挑战，是成功导向型人才，具有较强的行动力和较高的目的性。

塑造者能够将现实、想法和目标等因素融入讨论，以极快的速度找到问题的解决方案，并具备较高的行动力。他们是最能够将自己的计划转变为现实的人。尽管需要通过结果来辨认整个过程的可行性，但他们的自信度仍然没有丝毫减弱。他们对于矛盾和创新的决策不会过多在意，做事随机应变、义无反顾。

5. 团队监督者

监督者的性格一般是冷静、内向、稳重的。他们可能不会产生新颖的思维，但能够对他人的想法进行清晰的分析，准确辨别利弊，并进行迅速的决策和判断。团队在他们的监督下可以避免偏离正轨。

监督者的判断与思考是非常客观冷静的，他们能对整体计划的缺陷进行明确辨别，并用时间来对自己的结论进行验证。他们考虑问题时不会以自我为中心，较为客观。

如果监督者能够受到较好的激励，其热情便会持续，团队也会更加平稳地前进。监督者可以对复杂的数据和资料进行分析，帮助团队分析问题、起草计划和做整体评价。

6. 团队工作者

团队工作者具有温和的性格，善于社交，十分忠诚。他们内心敏感，可以做好的倾听者，比较受欢迎。团队工作者可能缺少动力和活力，但能够按部就班地做事，很容易受到激励。

团队工作者能够很好地协调团队内部的人际关系，在容易产生矛盾的团队中作用尤为明显。他们的竞争性较弱，所以对于提升士气具有很重要的作用，特别是在压力和危机之下。

7. 团队执行者

团队中的重要工作往往是由执行者完成的。他们比较保守，守纪律，具有较高的办事效率和较强的组织能力，值得团队信赖。他们能够迅速地将想法转换为具体任务，并延伸到具体行动。对于一些需要做的事，他们往往会有极高的热情。

团队执行者往往比较遵守规矩，喜欢条条框框的秩序，很难适应突如其来的变化；喜欢对未来进行规划，制订掌控未来的计划。他们虽然缺乏灵活性，但具有较强的合作性。

8. 团队专家

团队专家具有专一的目标，能够专注地学习专业化知识与技能，职业态度较强，往往能够充满激情地在自己感兴趣的领域进行研究。他们具有较高的决心和冒险精神，具备动力激励自己，乐于奉献，可能会真正成为某一领域的专家。但他们并不一定合群，也不一定会有了解他人工作的兴趣。

在与专业化知识或技能相关的团队中，专家是关键人物。专家具备丰富的专业知识和较强的挖掘问题的能力，会在团队中担任优秀的管理者。

（三）创新创业团队的作用

创新创业团队是由两个或两个以上企业的高层管理者组成的有效群体。这个特殊团队中的成员之间存在一定的关系：有共同的利益，对企业有共同的所有权，以自己的认知和行动对企业负责。企业的高层管理者一般以创新创业团队的形式存在，这个团队是企业开展工作的基础，整个团队的工作绩效远远大于各成员单独工作产生的绩效。其具体作用如下。

1. 创新创业团队直接影响投资者是否投资

投资者以资金的投入参与公司的运转，但公司的日常管理工作是由创新创业团队完成的，因此，投资者的风险主要源于创新创业团队是否诚信可靠。这就需要投资者在前期对创新创业团队进行全面、深入的考察和评估，一旦发现问题，投资者一般会拒绝投资。

2. 创新创业团队的市场开发和运营能力强

创新创业团队由对本行业有一定远见卓识的成员组成，相比于一般团队，他们对市场的敏感度高、判断准确、开发能力强，善于抓住有利的机会，是创业成功的中坚力量。

（四）创新创业团队的构成

创新创业团队的构成并不复杂，可以从广义和狭义两个维度来概括。广义的团队包含狭义的团队，还包括参与创业的其他利益者，如投资者、顾问、专家团队等；狭义的创新创业团队与创业本身直接相关，指的是为了某个目标，共同投资、共同收益、共担风险的合作者。接下来将从狭义方面分析创新创业团队的构成。

1. 团队的初始创建者

创办企业是一个需要天时地利人和支撑的艰难过程。人，尤其是企业的初始创建者，在创办企业过程中的作用不可取代。在创办企业过程中，企业的初始创建者首先必须是一个合格的管理者、优秀的领导。

也有一部分人认为创业成功是基于天时地利，是好运降临，是站在了时代的风口上。但是，机会对每个人是均等的，为什么只有少数人可以缔造伟大的企业呢？这与企业初始创建者的素质有关。他们独具慧眼，有一定的远见卓识，关键时刻能果断出手；他们的正确决策源于日积月累的知识积淀、日趋成熟的管理思维。作为企业的初始创建者，以下基本素质和技能是必备的。

（1）对人生目标的规划能力。

能够清醒认识自己，合理规划自己的人生，制定各个阶段的目标，并细化成可实施的小计划，最终完成个人目标，实现个人价值与社会价值。

（2）大胆而果断的决策能力。

在当今信息技术推动下的市场经济中，竞争不止局限于同行之间。这就对企业管理者提出了更高的要求：从现实出发来判断、分析，胆大而心细、果断而智慧，在众多的方案中选择最优的方案来实施，在保证合理性的同时兼具时代性。

（3）科学计划和管理的能力。

“凡事预则立，不预则废。”企业运营也是一样，管理者要高瞻远瞩，确立科学的企业愿景，然后以目标为导向一步一步地实施；在目标实施过程中，管理者还要随时管控成本，实现利润最大化，确保企业长期稳定发展。

（4）制定和完善制度的能力。

制度是企业稳定发展的保障，是企业规范发展的关键。企业制度与企业中的每个人都有关，其公平度、可信度关乎每个人，更关乎企业的生存和发展。企业的制度不在数量而在质量，要注重高效实施。

（5）筛选和管理信息的能力。

信息是企业发展过程中不容忽视的资源，对信息的管理是企业日常管理中重要的一部分。企业要实施有效的管理，就要对所掌握的信息进行筛选和整合。企业的规模越大，面对的环境就越复杂，对管理者信息素养的要求就越高。面对杂乱的内外部信息，管理者需要拨开云雾，站在企业发展目标的角度，对信息进行梳理、整合，最终找到有利于企业生存和发展的有效信息。

（6）系统的目标管理能力。

有效的管理是企业目标实现的关键。在日常的企业目标管理中，全面而有效的管理活动体现在：管理者要具备着眼未来、狠抓绩效、重视成果的系统的目标管理能力。

（7）整体分析的能力。

企业管理者要有大局意识，将企业发展置于社会大环境中来考察、作为一个整体来看待，分析影响企业发展的各因素及其关系。

（8）进行简政放权的能力。

企业管理者要明确自己在企业中的定位，要敢于放权，将企业日常的工作事务交给团队去完成；企业管理者要着眼未来、舍小抓大，带领企业走向更高的平台。

（9）进行财务管理与分析的能力。

企业管理者要根据资金、人员、市场等因素做出有关决策，决不能盲目开展项目；要科学合理地管理资金，审时度势地分析资金流向，让企业在正常的轨道上运转。

（10）利用资金盈利的能力。

万事开头难，初创企业也面临同样的境遇。在创业初期，如何用最低的成本产生最大的收益，寻找盈利点，是企业关注的重要问题。一般来说，解决途径有两条：一是加大资金的投入，实现产量和销量的增长，以此实现企业盈利；二是在保持投入资金不变的前提下，找到撬动企业盈利的杠杆和支撑点，最终实现盈利。具体采用哪种方法，由管理者根据企业面临的风险进行决策。

（11）分析财务报表的能力。

企业管理者应该重视财务报表，因为财务报表是企业运营的“晴雨表”，财务上的漏洞或者缺陷真实反映了企业在运作过程中的问题。企业管理者要透过报表分析企业，要及时发现、分析和判断问题并采取措施，防患于未然。

（12）项目管理能力。

当企业面对错综复杂的跨领域问题，需要以项目形式开展工作时，需要管理者具备管理项目能力。其具体应做到：将项目的实施过程进行有效的分解，从而达到企业高效运营、效率最大化的目标。

（13）商务洽谈能力。

商务洽谈是以获得更大利润为目标的复杂交际行动，与洽谈双方的语言、动作和心理等因素有关。企业在发展壮大过程中，必然与外界产生联系，而管理者作为企业的代言人，需要与各方利益者协调，以洽谈的形式解决一些事务。

（14）危机公关能力。

企业在运转过程中难免会有一些突发事件或意外，如果控制不当，影响波及的范围扩大，势必会对企业形象产生负面影响。因此，企业管理者的危机公关能力显得十分重要，其面对突发事件或意外的态度和决策，会直接影响企业的形象和未来的发展。

（15）反思和超越自我的能力。

古有“三省吾身”，企业的管理者一定要有反思企业和自己的习惯和勇气，要以积极的态度解决企业和个人的问题，要找到企业和个人的不足进行弥补，不断挑战自我、战胜自我。

（16）坚守职业底线的能力。

在市场经济条件下，一些企业片面追求经济利益，一些管理者在金钱面前慢慢迷失了自己，做出了一些有违道德、有违法律的行为，这是极不可取的。而且，我国目前正处于经济全球化浪潮中，一个企业的良知不仅是其承担社会责任的表现，更是其迈入国际市场的“入场券”。

（17）具有建设学习型组织的能力。

成功的企业是一个具有学习功能的组织。学习型企业能够使各个成员全身心投入，持续学习，这是企业能够持续发展的一大竞争优势。通过不断学习，企业能够不断地吐故纳新，保持崭新的形象，以生机勃勃的面貌面对外界多变的环境。

（18）具有良好的社会交往能力。

良好的社会交往能力是人类必要的生存能力。企业管理者想让企业在社会中生存，就必须从内到外广交朋友，通过自己的言谈举止、人格魅力等融入社会圈子，让企业有走向成功的可能。

（19）具备良好的心态与素养。

企业管理者是企业的心理核心，只有通过日常事务修炼出稳定、良好的心态，认清责任，才能成就大事业。

（20）具备保持身体健康的能力。

随着社会竞争的日趋激烈、工作节奏的加快、生活方式的多元化，人们身心承受的压力越来越大，进而影响健康。管理者应该对自己和企业员工的健康状况给予高度重视，就维护个人健康做出正确的规划。

2. 团队的核心员工

核心员工是指在行业中具备丰富从业经验和较强工作能力的优秀人才。在现代人力资源竞争中，核心员工是各企业竞争的重要对象。在企业运营与管理中，核心员工都在关键岗位上任职，通过运用自己所掌握的知识和技能，充分发挥自身的优势特征，提高企业核心竞争力，促进企业快速且稳步发展。

（1）核心员工的特性。

第一，数量少。在大部分企业中，核心员工的数量较少，创业型公司的核心员工数量更少，其原因是核心员工任职于企业的关键岗位，掌握着核心业务，并控制着关键资源，其工作效率与企业发展情况密切相关。但是，若企业核心员工的数量过少，会严重阻碍企业业务流程的正常运行。

第二，期望高。核心员工作为企业员工数量占比较低的群体，为企业发展所贡献的价值是无法替代的。核心员工有明确的职业方向和发展目标，掌握职场的关键技能与竞争优势，这些是他们不同于普通员工的重要因素。核心员工对自己的定位明显高于普通员工，因此他们的期望值也自然而然地高于普通员工的期望值。

第三，易流失。如今，社会各行业的发展都处于激烈的竞争状态，各企业的发展也是如此。在这种情况下，企业要想持续发展，就需要招聘更多优秀人才。而对于优秀人才来说，他们所追求的是自我价值的实现，所期望的是获得较高的薪酬福利，因此，当面对高职、高薪等极具诱惑力的条件时，他们很容易跳槽。

第四，不可替代性。核心竞争力是每个企业所具有的独特优势，这种优势不易被模仿，更很难被超越。核心员工作为企业重要职位上的工作人员，具备核心技能和关键知识，是企业在激烈市场竞争环境下能够可持续发展的动力和保障。因此，核心员工对企业的发展起着决定性作用，如果出现核心员工离职的情况，那么将会对企业造成负面影响，而且由于岗位的特殊性和重要性，人力资源管理者无法在短时间内找到合适的递补人才。

（2）核心员工的价值体现。

在创业型公司中，核心员工的价值体现在以下三个方面。

第一，帮助企业稳步发展。在市场经济快速发展的趋势下，创业型公司面临着一系列风险，如经营风险和技术风险等。若企业管理者缺乏风险防范意识，没有制定风险防范措施，则企业的发展将会面临经济损失等严重问题。核心员工不仅具有丰富的工作经验及较高的素质和能力，而且对风险具有敏锐的洞察力和规避能力，在保持企业可持续发展方面具有重要作用。

第二，促使企业创新发展。在企业生产运营过程中，无论是产品的创新研发，还是技术的更新升级，都离不开核心员工的付出与努力。核心员工是企业自主创新的中心，能够为企业带来竞争优势。

第三，使企业可持续发展。企业培养新人的目的非常明确，就是防止出现人才断层的情况，确保公司可持续发展。通常情况下，核心员工与企业的成长步伐是一致的，核心员工所掌握的知识、技能和经验也是企业的财富。核心员工通过培养新员工，既能够将自己所掌握的知识与技能有效地传承下去，又能够帮助企业实现可持续发展。

（3）核心员工的保留策略。

要想留住核心员工，企业应该做到以下五点。

第一，薪酬待遇市场化，满足员工心理需求。企业的薪酬体系一般是基于员工的工作绩效建立的，也就是说，工作绩效决定着员工的薪酬额度，同时薪酬额度反映出员工的价值。随着企业的发展和市场的变化，薪酬体系要随之改进和完善，对员工的行为习惯和工作目标也要有所调整。此外，需要注意的是，薪酬体系一定要体现出公平性、合理性及竞争性，因为合理公平的薪酬体系和政策是企业留住核心员工的重要手段。

第二，激励形式多元化，提升员工积极性。目前，创业型公司在激励方面存在的主要问题是激励机制缺乏多样性、长期性和保障性。激励机制和薪酬体系直接影响员工的工作效率和绩效水平，进而影响企业的运营和发展。因此，推行合理有效且完善的激励机制，既是创业型公司实现目标的基本保障，也是提高员工工作能力和综合素质的重要举措。

第三，企业管理规范化，保障员工成长空间。企业各部门的运营都离不开管理，也就是说，管理贯穿于企业整个运营过程。因此，企业要高度重视对管理方面的提升，让员工认识到管理的重要性，创建一种有利于公司持续发展的管理模式。随着企业的持续发展，管理工作也逐渐规范化。管理规范化对于企业的生产经营具有至关重要的作用。

第四，组织架构扁平化，减少沟通障碍。传统的组织结构以纵向沟通为主，这种组织形式不利于员工之间的交流；而扁平化的组织结构恰好解决了沟通障碍问题，加强了各部门成员之间的横向沟通，实现了对外开放交流。社会经济的快速发展、市场环境的变幻莫测，都要求企业及时做出适当调整和正确决策。只有这样，才能保证企业的竞争优势，而扁平化组织结构更利于企业快速适应市场的动态环境。此外，扁平化组织结构既可以提升企业的管理水平，又可以降低企业的管理成本，实现信息的快速传播与资源共享，加强企业各成员之间的沟通（尤其是领导和员工之间的交流），同时为各个成员展现自主性提供机会。

第五，企业文化人性化，增强员工归属感。不管是已经发展成熟的大企业，还是处于创业时期的小公司，都应该重视企业文化建设。优秀的企业文化可以为企业营造浓郁的文化氛围，形成企业所需的精神力量，从而间接提高企业的经营和管理水平，提高员工的工作能力和合作能力。营造充满人文关怀的企业环境和文化氛围，能够增强员工的归属感，让员工深刻意识到自己与企业之间是相互依存、共同成长的关系，即员工的成长情况决定着企业的发展水平，企业的发展成果影响着员工的利益，从而促使员工实现自我价值，为企业发展贡献力量。

（五）创新创业团队的组建

1. 创业者自我评估

（1）相似性角色。

人在交往过程中，往往愿意与在很多方面和自己相似的人交往，这样更容易增进了解。创业者在创建团队时，也容易遵循相似性原则，更愿意选择在背景、教育、观点上与自己相似的人，因此，大多数团队成员来自同一领域。但是，这种选择成员的方式也存在很多问题：知识、技能、经验的重复程度高，导致过多的冗余，使企业因缺乏其他领域的专门人才而不能进行高效的运营。

（2）互补性角色。

选择相似性角色，可以让创业者在创建企业的管理中感到得心应手，但是由于企业需要的人才是多方面的，因此团队中成员应具备各方面的知识、技能、经验。团队中一个成员所缺少的可以由另一个成员来弥补。所以，强调团队成员的互补性是一种很好的策略，它可以提供给企业更多样化的人力资源。

（3）自我评估。

创业者在组建团队时，需要从知识基础、专业技能、创业动机、承诺、个人特点等方面进行自我评估，只有这样，才能组建更加有成效的创新创业团队。在知识、技能、经验上遵循互补性原则，在创业动机和个人特点上考虑相似性原则，这是一种有效平衡的选择成员的方法。

2. 选择创业合作者

（1）认知性冲突。

认知性冲突是指团队成员在企业经营管理过程中对问题的意见、观点不一致。这种对问题存在分歧的情况是有效创业团队存在的一种正常现象，它有助于提高团队的决策质量和组织绩效，提升最终的决策在团队成员中的接受程度。

（2）情感性冲突。

情感性冲突是指成员之间在人格化、个人关系、个人导向方面存在不一致。它会导致团队的绩效被破坏。情感性冲突的发生往往会让团队成员不愿意对问题进行深入的讨论，阻止成员参加有效的关键性活动，从而降低团队绩效。这种冲突往往会导致成员之间的不信任、回避，阻碍团队的开放式沟通和交流。

3. 创新创业团队要素

（1）目标。

目标是创新创业团队结构建设的组成要素之一。创业者将在工作上相互关联、相互依存的个体组成团队，在此基础上，通过合作的方式，共同努力实现团队的目标。对于创新创业团队而言，公司的正常运营是实现创业目标的基本前提，而目标的实现需要全体成员共同完成创业阶段各个环节的任务。

（2）定位。

创新创业团队的定位是指公司根据现有的组织结构和发展情况，同时结合市场的发展变化，利用多种不同的方式和手段，确立公司的发展方向，并组建新型的组织形式。这种新型的组织形式要打破以往的思维定式，并且表现出显著的凝聚性及合作性，将团队成员组建成具有高凝聚力的合作性组织。创新创业团队定位的思路是：首先确定团队的全部成员；然后再根据每个成员的表现筛选出团队负责人；最后制定团队管理规章制度和有效的激励措施，明确各成员的工作任务和职责，以及整个团队的组织结构形式。

（3）职权。

职权是团队中目标和定位的延伸，具体指团队成员所需承担的职责和享有的权限。换言之，职权是指团队的工作范围及在一定范围内进行决策的支持程度。职权的划分是以团队的规模、结构及定位等方面的内容为依据的。

（4）计划。

在明确全体成员的职责和权限之后，团队要制订详细缜密的计划，将职责和权限进行分配，再通过指导的方式，让成员充分掌握和理解自己的工作内容与具体做法。

（5）人员。

团队人员的选择和确定决定了团队的发展水平。团队成员的选择要从多个层面（如知识、技能和经验）进行考察，要根据企业发展需求，有针对性地选择人才。

此外，团队的目标、规模和类型也是确定人才时需要注意的因素。

4. 创新创业团队组建原则

企业在创业初期面临的最大挑战是团队的组织和管理，它是决定创业企业能否成功开展业务的关键因素。此外，团队的组建和管理也是企业人力资源管理的核心。只有拥有一支优秀的核心员工队伍，企业创业成功的可能性才会增加。在组建团队时，公司创始人需要考虑以下四项原则。

（1）合伙人原则。

创业企业在用人方面与普通企业之间有着根本区别：常规企业雇用员工，员工是为企业工作的；而创业企业是在招聘合作伙伴，招进来的合作伙伴将工作作为自己的事业，其重要性不言而喻。只有将员工视为合作伙伴，创业企业才能迅速成长。因此，创业团队需要寻找的成员是合作伙伴，需要遵循合伙人原则。

（2）热情原则。

创业企业在启动之初有很多工作要做，成员需要精力十足。要保持这种状态，团队中的每个成员都必须对工作充满热情。对事物热情程度的高低是一个人成功与否的关键指标。在创业初期，成员在完成大量工作任务的同时，需要工作的时间也非常长。无论级别高低，如果所有成员都对自己的创业生涯缺乏信心，那么他们将处于消极状态，并且这种状态将波及团队中的其他成员，其后果是非常严重的。因此，保持成员的创业热情对创业结果至关重要。

（3）团队原则。

创业企业能否取得成功是由整个团队决定的，而不是取决于团队中的某个人。团队中不能存在个人主义，成员的价值如何，应该体现在为团队做出的贡献上。团队中的每个成员必须以团队的利益为最高目标，在工作中积极分享、相互帮助，这样，一个团队才可能成功。

（4）互补原则。

团队需要各类人才，要兼顾创业工作中的每个方面。在一个好的团队中，成员的能力可以形成很好的互补，这种互补对团队成员之间的合作也非常有帮助。因此，建立具有互补优势的团队，是企业创业成功的关键因素。选择团队成员时，还要考量成员的个人特征和个人价值观等。此外，创始人要积极听取团队成员的建议。

5. 创新创业团队组建步骤

组建创新创业团队需要按照一定的程序来进行，具体步骤如下。

（1）创业者需要广泛召集企业界人士、领域专家、目标客户等群体，讨论企业的具体职能、经营活动及关键问题，通过探讨宏观和微观层面的问题来决定企业未来的发展方向。

（2）列出包括创业者在内的所有候选团队成员名单及他们的个人特点、所擅长的业务。

（3）根据所选项目的特点和企业的组织职能形式，确定创业团队的规模和成员人数。

（4）运用比较优势理论、相似性和互补性原则等来确定团队成员。

（5）将企业的主要业务活动分配给所有的团队成员。

（6）为每项主要业务活动设定职权范围，并为负责人设定目标。

二、大学生创新创业团队建设路径

在当下迅猛发展的信息时代，人工智能技术越来越先进，许多人工正在被智能机器所取代，企业也正在削减对人力资源的需求。在这种情况下，我国出台了支持创新创业的政策，以鼓励大学生勇于创业。大学生创新创业团队把具有相同理想和目标的人汇聚到一起，在某一特定的业务领域发展，以获得经济利益。大学生在学校接受过有关创业的专门培训，对国家关于创业的相关法律法规有一定了解，熟悉基本创业流程，能够做好市场前景分析，确定合适的商业模式。在这一基础上，大学生有选择地确定成员，让团队拥有专业不同、核心能力不同的人才，并彼此信任、相互合作，一起打造有自身特色的企业文化，制定企业发展战略，共同谋求创业的成功。

当下的社会背景是鼓励创业，在这一大背景下组建创新创业团队变得越来越重要。创新创业团队的组建，必须受到国家法律的保障，也必须受到法律法规的约束。为此，国家应出台相关法律法规，以指导和规范大学生创业团队的组建。同时，在这一过程中，应投入相关的社会力量对大学生进行创业培训，使大学生能够丰富自己的创业知识，提高自身的创业能力和专业技术能力。培养大学生的创新创业精神不仅是大势所趋，而且对大学生自身发展非常重要。

第二节　创新创业资源整合

一、创新创业资源的理论支持

企业资源基础理论（RBT）兴起于20世纪80年代的西方，主要从企业内部资源要素属性的角度来考察企业竞争优势。这一理论对整合企业资源、挖掘资源潜力、激活生产要素、推动经济发展起着重要作用。RBT理论认为：企业不仅是一个管理单元，而且是生产性资源的集合体；企业由于资源禀赋的差异而呈现出异质性，企业的竞争优势源于企业拥有和控制的有价值的、稀缺的、难以模仿并不可替代的异质性资源。

（一）SWOT分析

SWOT分析方法强调企业在维持竞争优势过程中，要将注意力放在外部环境的变化及其对企业的影响上，正确认识自身资源和能力，采取适当的措施，把资源与行动聚焦在自己具有优势和最多机会的地方。新常态下企业面临的竞争压力更大，产业结构的调整升级对企业的生产要素资源配置提出了更高要求。当前，大学生创新创业必须迎合这种发展趋势，正确认识自身资源和能力，做到扬长避短。

（二）核心资源分析

资源是维持竞争优势最重要、最基本的因素，是企业竞争优势的物质基础。每个企业的资源层次从上到下依次为突破性资源、核心资源、基础资源和外围资源。其中，核心资源对企业竞争优势的影响最大。核心资源是保证一种商业模式顺利运行所需的最重要的资产，包括实物资源、金融资源、知识资源及人力资源。这些资源使企业得以创造并提供价值主张，保持与某个客户群体的客户关系，并获得市场和收益。新常态下，大学生在创新创业过程中的宝贵资源是知识资源和人才团队资源。

（三）资源使用能力分析

企业竞争力主要由企业的资源禀赋决定，是企业在能力（无形资源）和产品（核心产品、最终产品等有形资源）上优势竞争的结果。资源基础模型的层次从上到下依次为：①资源——优势和劣势；②能力——结合运用各种资源；③竞争优势——战胜对手的资源与能力；④行业选择——有资源优势和吸引力；⑤战略制定和实施——制定能使企业最大限度地利用其资源和能力实现超额利润的机会战略。因此，在大学阶段，成功创业的关键不在于初始资源占有多少，而在于控制和使用资源的能力。

（四）资源拼凑分析

资源拼凑的关键是发现现有资源的新用途或使用价值，重构或创造性地利用现有资源，突破现有资源先前利用经验的束缚，创造创业机会。手段导向型的资源拼凑（利用现有资源）和基于社会关系网络的资源搜寻（获取新的资源）是创业者摆脱资源约束的两种重要策略，具有凑合利用、突破资源约束和即兴创作三个特点。大学生在创新创业过程中会面临资源约束问题，这是一种普遍现象，能促使他们利用更少的资源来获得更大的利润。

（五）创业过程分析

蒂蒙斯创业过程理论认为，创业是由商机、资源和团队三要素相互作用、共同驱动的过程，是创业团队在把握商机和寻求资源之间保持动态平衡的过程。资源是创建企业必要的支撑要素，其需求形式、大小和深度由商机决定。成功的创业团队必须制定科学的战略规划来认识、控制并合理配置资源，而不是被资源牵着鼻子走。根据这一理论，在激烈的市场竞争中，创业者快速准确地把握商机并创建一支优秀的领导团队，是创业成功的核心与关键。

二、大学生创新创业资源的整合途径

为了更好地促进大学生创新创业，需要整合创新创业资源。高校可以利用开展技术研发、举办创新创业大赛、创建创新创业孵化园区等形式，促进资源之间的流动和共享、项目之间的连接及市场之间的对接，为大学生创新创业资源的整合提供更为丰富的途径。

第一，发挥高校自身的资源优势，联合校外资源。高校有丰富的创业资源，地方政府和企业也能够为大学生创业提供其他方面的支持。高校可以利用共青团作为连接政府和企业的桥梁，将校内外的资源进行整合，努力获取社会上的资源支持，打造校内的创业平台，如创客空间、创业大赛等。通过这些项目的设立，与社会、政府之间搭建良好的互动和沟通平台。

第二，发挥在校大学生自身优势，获得创新创业资源。人们通常认为，大学生进行创新创业会缺乏场地资源、设备资源及资金支持，但是这种认识是片面的。企业资源是指可以帮助企业提升工作效率的一切相关资产、能力及公司的组织和特征。一般情况下，可将企业资源分为三类，即物质资源、人力资源和组织资金资源。如果大学生在创业过程中能够开发出企业发展所需要的资源，那么对于创业来说是非常有利的。因此，需要发挥大学生自身优势，帮助他们积累企业发展所需要的知识和技术，以获取更多的创业资源。

第三，打破自身资源的限制，从其他途径获得创业资源。大学生是当今时代创业的主体人群，如何帮助大学生解决资源获得、资源整合的问题，是创业教育的重点。大学生创业除了需要有创业政策、创业场地、创业资金的支持，还需要寻找创业层面上的合作关系，如咨询相关创业专家、寻求创业意见、进行风险投资管理等，只有这样，才能保证创业项目的长久发展。从其他途径获取创业资源有助于联结外部资源。企业的发展过程就是社会资源不断聚集的过程。企业市场竞争力的高低主要取决于企业资源的配置是否均衡、优化。企业对资源的使用应该是补充性的、增加性的，而不是占有性的。通过资源的补充和增加，优化资源配置，降低企业发展过程中的风险。

第四，培养大学生利用创业资源的能力。企业的资源获取能力是在资源分配、获取、使用过程中逐渐形成的，包括对资源的研发、生产，对产品的营销和管理。在高校创业教育过程中，应该注重培养大学生的创业品德、创业素质，提高大学生自主创业的能力，培养他们不断拼搏、刻苦奋斗的精神，形成适应社会和企业发展的价值思维和企业管理方面的能力。创业不仅仅需要知识和技术能力，而且需要合作能力、谈判能力及对社会人力和资源的开发能力。

资源是企业不断成长、不断进步的基础，每个企业都有自己发展的优势资源。大学生应该明确，创业并不是主要从外部获取资源，而是以自身独特的资源为基础，结合外来的资源加以优化配置，进而保障企业的长远发展。当今环境下，高校创业教育应该帮助大学生正确分析创业优势和创业所需要面临的挑战，提高大学生获取资源、整合资源和使用资源的能力，培养大学生对资源的整体掌控能力。

第四章

创新创业教育协同机制

第一节　创新创业教育协同机制的设计

一、创新创业教育协同机制的设计原则

经济发展、综合国力增强、社会进步、国民素质提升都必须依赖于教育系统所提供的不竭动力。通过调研掌握就业供给与需求的基本状况，高校要根据自身条件，整合所拥有的渠道和资源，结合不同理念，为创新创业教育的思路和方式选择合适的实践路径。

（一）与传统教育体系相融合

普通教育和职业教育是传统教育模式中最重要的两个部分。普通教育通常注重身体素质和心理素质的锻炼和培养，即德智体美劳全面发展。职业教育则以所学专业为核心，加强对专业技能和素质的培养，以满足社会经济发展的要求。由于教育需求逐渐朝多样化和专业化方向发展，普通教育和职业教育也随之细分，各有其不同的教育理念和模式，在教育体系中发挥着不同的作用。

在传统教育中，虽然会无意识地涉及关于创新创业教育的内容，并在一定程度上进行实践，但是其涉及的内容处于零碎且不固定的状态。与传统教育模式相比，创新创业教育增添了更加符合经济社会发展需求的内容，包括创业精神和创新能力。职业教育与传统教育的发展是相辅相成的。因此，在构建创新创业教育体系过程中，要充分发挥普通教育和职业教育的基础性作用。普通教育为创新创业者提供基本的发现问题的能力、知识储备，以及开拓进取、敢于担当的责任感。职业教育为创新创业者提供相关的专业技能和规范。创新创业教育的实践过程是循序渐进的，不同于普通教育和职业教育的教学模式和机制，能够满足学生多样化的教育需求。高校作为教育主体，应整合

不同的资源和路径，以普通教育和职业教育为基础，扎实推进创新创业教育相关工作。

（二）创新性与实践性相融合

社会的发展、国家的繁荣、民族的进步离不开创新创业教育的发展。当今世界各国竞争激烈，谁具备创新精神，谁就能在竞争中占领先机，所以敢于创新、积极进取的高素质人才成为国家发展不可或缺的因素。

创新创业教育是面向全社会的，教育理念、教学模式、学习方法是重要的创新内容。让学生在学习中获得开创性、多元化的思维能力，是创新创业教育的目的。想要实现这个目标，需要整合多方面的渠道和资源，构建能够满足不同需求的创新创业教育体系。

实践能力是创新能力之外又一影响大学生创新创业的关键因素。创新的思维方式、创业的行动能力，以及开拓进取、勇于担当的品质，是创新创业教育的核心内容。对创新创业教育模式的探索是困难和艰巨的，因为它是对普通教育和职业教育的进一步深化。实践能力可以通过学校的教学活动和社会生产相结合的方式来培养。

（三）一致性与差异性相融合

培育具有创新思维和实践能力的专业型人才，一直是高等教育的主要目标。创新教育是在创业教育过程中实现的，不能将二者分离，而要将创新教育和创业教育相融合，为学生构建创新创业教育机制，协同不同主体，重点培养学生的创新能力、创新思维、创新意识，以及敢于开拓、主动承担的精神品质。这是高校创新创业教育的落脚点。

学术研究是高校关注的一个重点，但是受不同因素影响，各高校都会选择符合自身条件的发展方向，构建的创新创业教育机制也不尽相同。首先，地理因素决定社会环境，处在不同地域的高校有着不同的社会条件，在构建创新创业教育机制过程中，可利用的社会资源存在差异，这直接影响高校对创新创业教育实践模式、教育方式的选择。其次，发展导向存在差异的高校在人才教育的目标定位上也不同。高校应充分了解不同专业学生的需求，以专业类型为基础，为学生制定个性化、针对性的创新创业教学内容和目标。

（四）主体性与互动性相融合

在创新创业教学过程中，要将主体性与互动性充分融合。教师和学生在创新创业教育中发挥着重要作用。教师既可以开展教学工作，也能推动高校科研水平的发展。通过教育让学生获得知识和技能，并将其运用到实践中，以满足社会多样化的需求，是高校培育学生的根本目标。因此，在教学过程中，教师要帮助学生制定符合自身条件的目标，注重培养学生的个人品质，让学生在学到知识和技能的同时，感受到人文关怀。

师生之间的互动在创新创业教育中发挥着重要作用。在创新创业教学过程中，教师要避免单向的灌输式教学模式，丰富教学内容，创新教学方式，在教学过程中重视与学生的沟通与互动，增强师生之间的了解；要及时掌握学生的反馈意见，通过多样的沟通渠道，帮助学生提升发现问题、解决问题的能力，增强学生的创新意识和创业精神。

二、创新创业教育机制的设计思路

对高校来说，构建创新创业教育机制是一项艰巨的任务，需要协调多方力量参与。与传统教学模式聚焦学科建设相比，创新创业教育在提高知识水平和技能的基础上，更强调学生与社会的匹配。所以，高校应整合多方资源，协调各方力量参与到教学过程，构建创新创业教育机制，为学生提供细致全面的创新创业指导。高校应将创新意识和创业精神贯彻到教学活动中，并与学校的长期发展目标相结合，既要让学生学到基本的知识和技能，又要通过创新创业教育提高学生发现问题、解决问题的能力，帮助学生树立创新创业的思维和意识，以及敢于担当、勇于探索的个人品质，促进学生全面发展。具体来说，高校可以建立合理的奖励制度，如针对学生创新创业制定激励标准，对有意愿创业的学生提供知识、物质及政策上的支持，等等。如果学生创业顺利，学校应给予其积极肯定；如果学生创业遇到挫折或失败，学校不能置之不顾，应帮助学生发现问题并给予支持，通过合理的激励制度，帮助学生加深对创业精神的理解，使学生将创业作为步入社会的重要选择之一，并在知识储备、专业技能和心理素质上做好准备。

高校在创新创业教育机制构建过程中，应将教育目标和理念作为出发点，在教育过程中始终贯彻创新创业的目标和理念，把创新创业的思维方式深入到教师队伍的建设和学生的培育中。通过对学生知识储备、专业技能、心理素质和个人品质等的培养，将创新创业的理念和思维方式与人才培养机制相融合，在学生学习的过程中培养创新思维和创业精神。在具体课程内容的选择上，高校应将创新创业的理念融入其中，为学生创新创业奠定扎实的专业技能和心理素质基础。在教学方式上，除传统的学校教学，还应注重对学生实践能力的培养，丰富实践课程内容，如举办创新比赛、建设创业基地等，让学生能够将自己的思考转化为实践，从而锻炼主动发现问题、解决问题的能力。通过此过程，学生的创新意识和创业精神被激发出来，为其自主创业奠定了基础。

综上所述，社会发展日新月异，对人才的需求也在不断变化，高校应在发挥传统教育模式优势的基础上，顺应社会发展需求，重视教育的社会服务功能，协调和调动多元主体参与到创新创业教育中，以学校为主体，整合多方资源，构建完善的创新创业教育机制。

三、校企协同教育

（一）校企协同人才培养的目标定位

1. 校企协同人才培养的宗旨

校企协同人才培养的宗旨为：满足区域和不同行业经济发展需求，培育符合社会要求的专业型人才；匹配高等教育改革和发展的要求，把学生作为教育的核心，提升其专业技能；高校与企业建立多样的合作关系，包括技术研发、学术研究、人才培育及社会服务等，将学校的教学资源和企业的社会资源相结合，推动校企协同发展。

2. 校企协同人才培养的功能定位

高校身处教育改革的一线，应不断提升为经济发展服务和满足社会发展需求的能力。处在市场竞争环境中的企业，对人才的需求是多样的。高校要重视对学生创新创业教育的投入，为学生提供社会服务的平台，帮助学生更好地与社会需求相匹配，既要充分发挥人才对社会经济发展的推动作用，又要提高学校创新创业教育平台建设的水平、提升学校综合实力。

3. 校企协同制定人才培养目标

高校和企业作为校企协同创新创业的主体，应参与人才培养目标的制定。企业想要获得符合自身长期发展需求的人才，需要将长远发展目标与人才培养相结合，对人才进行精准定位和培养。高校是培养人才的重要主体，应承担起培养创新型人才的责任，与企业共同构建创新创业人才培养平台，协同制定人才培养目标。

（二）校企共建教学体系

培养目标的实现，必须以完善的教学体系建设为基础。课程内容不能及时跟上社会经济发展的变化，教学方式上缺乏与学生的沟通和互动，不能为学生提供充足的实践机会，不符合社会发展的实际要求，等等，都是传统教育存在的问题。所以，高校和企业应在教学体系建设方面相互协作，共同构建符合高校和企业需求的教育体系。

1. 理论课程体系建设

专业基础类课程和专业类课程是国内高校理论课程体系最重要的两个部分。专业基础类课程的教学分为理论教学、理论实习和实践教学，主要目的是帮助学生掌握基本知识和基本理论，提高基本技能。

在专业类课程设计中，应该注重培养学生的实践能力。高校的课程设计不应仅局限于本校，还要为学生提供多领域、跨专业及其他高校的选修课程。社会经济各领域联系日趋紧密，每个领域和专业都不可能独立发展，都需要加强和其他领域的联系与交流，以此来推动自身领域的发展。国家之间的交流与合作也越来越需要具备综合素质能力的人才。所以，选修课程在设置上应注重多元化。学生通过基础课程的学习达到课程要求后，高校应引导学生选修对自己专业有帮助的跨领域学科课程。这样，既能通过理工学科提高实践能力，又可以通过人文学科培养逻辑思维的能力。多学科课程的学习有利于提高学生的综合能力，为培养创新思维奠定基础。具体来说，文科学生应选修符合自身发展需求的理工科课程，锻炼自身的实践能力；理工科学生应选修适当的文科课程，丰富与社会科学有关的知识储备，提高自身的人文艺术水平。此外，高校要引导学生选修其他高校的课程。这样，不仅能增加学生获取知识的渠道，而且能提高各高校教育资源的利用效率。

当今社会，各行各业都在不断发展变化中，高校既要围绕社会发展需求开设相关课程，也要随时根据行业变化更新课程内容，以符合社会的发展要求。当前，很多高校与企业的沟通仅仅局限于管理人员层面，使得校企协同的主要参与者缺乏交流与沟通，造成高校对企业的需求了解不足，在课程制定上容易与企业的发展产生偏差。因此，高校与企业的沟通层面应下移，让双方能够清楚彼此的想法和需求，这样可以减少课程设置的误差。此外，高校要对开设课程的相关领域保持高度的关注，时刻掌握行业的变化动态，及时对课程方向进行调整，既让学生学到最前沿的行业知识，也能积极满足社会发展的变化需求。

2. 实践课程体系建设

为了提高学生的实践能力和创造能力，高校与企业应积极协作，在课程设置上为学生提供能够把学习到的理论知识转化为实践技能的平台。从企业的角度来讲，让学生参与同企业发展相关的研究项目或课题，在高校教师和企业相关人员指导下对项目或课题进行研究，能够快速提升学生的专业技能。在与企业项目有关的课程设置上，高校应制定合理的学分标准，提高学生参与的积极性。此外，高校还要注重培养学生的实践能力，通过设置以社会服务为导向的相关课程，促进学生所学专业与社会需求相匹配。

3. 开设第三学期

通过设置第三学期的课程形式指导学生实习，让学生有机会将学到的理论知识转化为实践技能。开设第三学期是在国内高校采用“3+1”“3+2”教学方式的基础上开创的新的教学模式。当前，国内只有少数民办高校设置有第三学期，公立高校在开设第三学期方面投入不足。第三学期的设置不影响第一、二学期的课程计划，它是在前两个学期课程学时不受较大影响的基础上，将第一、二学期的部分课时整合为第三学期的课时。第三学期的课程有别于第一、二学期的课程，包括课程设计、综合实验及专业实习等实践内容。学生通过第三学期的学习，能够将前两个学期所学的理论转化为实践，在实践中总结之前学习存在的问题，并在接下来的学习过程中积极解决，发挥第三学期的过渡作用。

经济社会发展需求变化较快，因此第三课程的设置也要不断更新，更需建立与第一、二学期的教学联动机制。规范的课程设置和充足的资金支持是第三学期正常开展的重要条件。在课程上，第三学期主要设置实习地点、实习内容、考核标准等。首先，指导教师在第三学期教学过程中发挥着重要作用，因为教师的教学时间和教学难度增加，所以应合理提高教师的收入水平。其次，实践课程是第三学期的主要内容，学校的设备损耗会增加，为了确保课程任务的顺利进行，学校应加大对设备维护的投入力度。再次，与学生学习和生活相关的图书馆、专业教室、宿舍、食堂等场所的开放时间，也要根据学生的课程活动进行合理规划。最后，学校对于学生在实习过程中的安全问题要做好全面、细致的管理。由于不同于第一、二学期的教学模式，学校需要科学制定第三学期的考评体系。每所学校都有各自不同的特点，因此第三学期的开设没有统一标准，学校应根据条件的不同制定符合自身发展的运行模式。

4. 实施“双师型”教学

加强高校与企业之间的人员交流，是增进双方了解、提高合作水平的重要途径。在部分高校和企业共建的研究所中，高校教师应占有一定比例。教师在研究所中能够接触到社会经济发展的前沿问题，可以将最新的知识教授给学生，拓宽课堂内容的来源渠道，让学生将所学理论更好地与应用相结合。同时，学生在对前沿问题的了解和学习过程中，锻炼了发现问题、解决问题的能力，创新意识也大大增强。

以大连理工大学为例，其和企业通过人才协同培养机制建立了研究院。学校派出骨干教师参与到研究院的研究工作，并开展“双师型”教学；研究院聘任的专家进驻企业一个半月，对其进行考察调研。通过这个过程，高校既能够及时掌握相关领域发展的变化动态，推动高校科研工作持续发展，也能帮助企业提高经济效益。高校可以在派出骨干教师进驻企业的同时，聘请专家进校教授相关课程，通过“双师型”教学模式促进校企协同培养人才机制建设。

（三）校企共同实施培养过程

1. 订单式培养

订单式培养是指高校和企业签订用人合同，以高校教学资源和企业社会资源为基础，双方共同参与人才培养计划的制订及人才培养落实的过程，使学生通过考核达到培养标准、企业按照合同规定安排学生就业的协作办学模式。订单式培养的最大优点在于高校、学生、企业之间的关系是平等的，三方都能在人才培养中发挥各自的主体作用。企业应把握好行业发展的方向，根据企业发展的需求制定培养标准和数量，以订单形式交由高校对学生进行培养管理。在培养人才过程中，高校和企业应加强沟通，把握企业和社会发展的需要，协同制订培养方案和目标。企业将行业最新的动向提供给高校，高校则以校企协同制订培养方案对学生进行定向培养。学生达到考核标准，在毕业后由委培单位安排就业。

“一班一单”和“一班多单”是订单式培养的两种形式。“一班一单”是指一个企业的职位需求都为同一个专业，而且企业对该职位的需求数量能够组建一个班级。“一班多单”是指企业缺少某一领域的专业人才，但是对该类人才的需求量不足以组建班级，为了提高人才培养的效率，多个企业共同下订单，高校则将职能相近的岗位整合在一起，培养学生的职业岗位能力，即一个班级或专业与多个企业订单相对应。为了保证订单式人才培养的质量，学生可自愿报名，通过初审的学生组建班级，并在企业的实训基地接受培训。在这一过程中，严格规范的考核能够提高学生专业技能，满足企业的需求，使学生素质更好地与企业发展相匹配。

学校和企业之间良好的互动交流，是订单式人才培养顺利开展的重要条件，包括招生、专业设置、岗位要求、教学内容与企业生产经营相匹配等问题，这些都需要双方在确定订单前达成一致。企业应将长期发展规划和需求明确传达给学校，避免培养过程出现偏差，提高培养效率，降低培养成本。

2. 校企教育资源共享

校企协同的培养模式还在不断发展中，高校和企业应同心协力，探索构建校企沟通交流机制，整合共享人才培养资源，提高人才培养的资源利用效率。企业竞争力的增强、高校科研水平的提升及创新创业机制的构建都有赖于校企协同及教育资源的共享。

实习平台建设是资源共享的一种形式。实习平台由企业搭建，高校则给予企业技术研发支持，以人才协同培养机制为基础，为企业输送专业人才，形成合作共赢的良性互动机制。整合高校的教育资源和企业的社会资源，为学生的培养提供优质资源，不仅有利于创新创业协同机制的建设，而且有利于为社会发展提供所需人才。企业的创新能力、人才队伍的建设都能从校企教育资源共享中受益。

高校和企业共建实验室是资源共享的另一种形式。实验及实习所需的设备由企业提供，高校则提供教学设施和师资力量，通过资源的整合与共享，提高资源利用效率。人才培养和员工培训相融合是协作共建实验室的特点，它们能够实现校企的优势互补，降低培训成本。实验室建设要以教学内容和学生能力为基础，建设满足多样化需求的实验室，包括基础实验平台、综合应用实验室及创新研究实验室。基础实验室主要为大一新生设立，将课程教学与实验相结合，巩固学生的基础知识和实验技能。综合应用实验室面向大学二年级及以上的学生，通过创新型和开放型创新实验内容提升学生对知识的实践应用能力。创新研究实验室则为理论知识掌握牢固、实践能力出众的学生提供科研和创新实践的平台。创新研究实验室的实验环境和设备水平较高，在企业项目的引导下，有利于学生创新意识的培养。

实验室及实践基地的硬件条件对学生的培训发挥着至关重要的作用，但是设备的维护与更新需要较大投入，仅仅依靠高校自身的力量难以满足教学发展的要求，导致人才培养达不到企业的需求。目前，建立完善的实验室、实践基地对于大多数高校来说还较为困难，实训设备若跟不上教学内容的变化，会造成学生的实践能力与企业的需求不相匹配。因此，借助企业力量有利于减轻高校负担。具体来说，高校向企业提供技术服务和有偿服务，企业则给予高校实验设备资源，这对双方来说是互利共赢的。技术是企业发展的核心要素，高水平的员工培训既能够减少设备养护的成本，又能帮助企业提高生产效率、降低生产成本。所以，通过与高校合作，用实训设备置换技术支持和员工培训等手段，能够使设备维护与员工培训等问题得到有效解决。

3. 学校冠名企业

除了与企业合作的模式，高校还可以通过冠名企业的方式培养人才，这样有利于减少学生将理论知识转化为实践过程中的约束，提高学生的实践能力和创造能力。在挑选冠名企业过程中，高校应注意企业的生产经营活动是否与学校的专业方向相符、企业的技术是否成熟，这些都会影响冠名后人才培养的成效。确定冠名企业后，高校应给予企业科研和资金支持，使其成为学校发展的一部分。准确合理地定位冠名企业的地位，是发挥校企协作建立教学基地最大效用的前提。

合作机构的确定也是高校冠名企业发挥作用的重要条件。由企业、行业协会、人力资源和社会保障部门、教育部门、高校等选派代表组成培训委员会。此外，制定合理的教学标准，在实训基地设置教学经理岗位，理论教师和实训教师的配备应与学生、实验设备的数量相匹配。理论教师和实训教师应注重沟通协作，加强“双师型”教师教育模式的建设。若学生人数充足，则需设置教学经理助手岗位。通过精细化的管理模式，积极推动校企实践基地的教学内容、标准与企业发展相适应。

将企业真实的生产环境与教学环境相融合，是高校冠名企业最重要的特点。实训基地整合了高校和企业资源，既为学生提供了真实的生产环境平台，也是构建创新创业教育校企协同机制的载体。实践基地既能将教学内容带进工厂，又能让学生在企业环境中得到锻炼。企业通过实训工厂提高了生产效率，降低了生产成本；学校通过实训工厂为企业培养实用型人才，实现了教育目标。

（四）建立校企双方有效协同机制

1. 建立校企协同引导机制

高校和企业应共同参与到校企协同引导机制的构建中。首先，要成立校企协同工作委员会，成员包括企业、行业及高校的管理人员。该委员会的主要工作任务是审议培养模式、培养目标、师资队伍建设及招生就业等问题。此外，应随时掌握行业发展变化，及时对人才培养课程设置和校企协同发展方向做出科学调整。

技术合作开发委员会也是校企协同引导机制的重要组成部分。该委员会主要由学校骨干教师和企业技术人员构成，主要职责是根据市场需求的变动，为企业生产升级换代提供科研支持，以及将高校的理论成果应用到实际生产中。为了保证校企人员的研究方向始终符合社会发展需求，该委员会还应承担起校企人员培训及传达行业动态的职责。

2. 建立校企协同的管理与反馈机制

校企协同管理机制包括统筹规划、相互协调、自主发展等内容，这些都需要以协调理论为基础。通过建立校企协同管理机制，有效加强校企的合作关系，提高资源的整合度，形成互惠互利的合作基础，充分提升校企资源的利用效率，保障人才质量符合企业生产经营需求。

校企协同反馈机制的建立需要与管理机制相结合，管理过程中出现的问题要及时通过反馈机制向校企双方反映并予以解决，维护协同机制的运转秩序。

（五）转变校企双方的传统观念，融合校企文化

1. 转变校企双方的传统观念

当前高校和企业对校企协同机制的看法存在差别，一些企业常常对校企协同漠不关心，而高校则对校企协同展现出积极的态度。造成这种差别的原因并不复杂。众所周知，获得更多的利润是企业追求的目标，但是由于一些企业对校企协同缺乏认识和了解，认为高校是培养人才的主体，校企协同会增加企业的生产成本，不利于企业生产规模的扩大。在这种认识的影响下，这些企业不愿主动参加校企协同机制的构建。高校虽然态度积极，但是仍然受到固有观念的影响，认为传统课堂式教学是培养人才的最重要途径。受限于校企双方的传统观念，企业在机制构建中处于被动，高校的教学模式也缺乏创新。

高校和企业虽然承担着不同的社会责任，但是从功能和作用上看，双方有着良好的合作基础。高校为社会经济发展输送人才，企业作为经济活动的参与主体，直接受益于学校的人才培养，并通过引入人才提高生产效率，获得更多的利润，为社会创造出更多的价值。可以看出，高校和企业都承担了服务社会的责任。因此，企业在生产经营活动中理应与高校协作培养人才。企业应认识到校企协同不仅能够培养人才，而且能从高校获得科研支持。高校也要更新观念，依靠社会力量拓宽人才培养的渠道。在校企协作中，高校应依托科研资源为企业发展提供技术研发支持。企业将高校提供的理论转化为生产实践，也有利于高校科研水平的提升。高校为企业提供人才培养和技术支持，企业为高校提供设备支持，既能降低培养成本，又能提高学生的专业技能。所以，校企双方都应更新传统观念，积极参与校企协同机制的建设。

2. 融合校企文化

高校发展不仅要有良好的硬件条件，还要培养具有自身特点、被社会广泛

认同的高校文化。优秀的高校文化不仅能够培养出优秀的人才，而且能够极大地提升学校的综合实力。作为社会文化的一部分，企业文化与高校文化有着相同的文化属性，两者既存在联系，也有各自发展的独特性。企业是市场竞争的参与主体，企业文化建设服务于企业生产经营活动。优秀的企业文化能够影响员工的思想和行为，帮助员工解决工作中遇到的问题，为企业发展提供文化动力。高校文化和企业文化在内涵上存在联系，不少企业文化的内容都能从高校文化中找到相同的部分。企业发展和行业的变化对高校文化的影响也十分明显，特别是与社会服务联系紧密的应用型专业和学科。因此，应将高校文化与企业文化相融合，让学生在校学习期间感受到企业文化，引导学生找出高校文化与企业文化的契合点，帮助学生在认同高校文化的基础上，更好地接受企业文化，适应企业的竞争环境，提高自身的抗压能力，促进从校园学生到企业人才的定位转换，锻炼学生的职业能力和社会适应能力。

（六）校企协同人才培养的评价标准

校企协同人才培养的评价包括三个方面，即知识、能力和素质。评价标准要科学合理，最重要的是要与人才发展的规律相适应。因此，高校和企业应加强沟通协作，共同参与评价标准的制定。学生是人才培养的主体，高校和企业还应共同承担人才培养的评价责任。

1. 知识方面的评价标准

知识方面的评价包括基础知识和专业知识两部分。首先，在基础知识上，要掌握本专业涉及的基础知识。其次，在专业知识方面，要具备良好的理论应用基础和工程实训基础，了解专业和行业的发展变化，熟练应用与专业相关的法律法规政策及行业技术标准。

2. 能力方面的评价标准

能力方面的评价主要包括学习能力、发现并解决问题的能力、创新能力和实践能力。学习能力包含学习的方法与技巧，方法指的是获得知识的能力，技巧指的是对新知识的探究与应用能力。发现并解决问题的能力是以所学理论知识为基础，发现解决问题的方式和途径。创新能力是指具备创新思维及研发新产品的科研能力。实践能力是指将掌握的理论知识转化为生产实践，并在实践中发现问题、解决问题的能力。

3. 素质方面的评价标准

良好的职业道德素养，对所在行业充满热情，敢为人先、吃苦耐劳，始终保持学习的态度，具备优秀的个人品质，敢于承担责任，善于沟通，能够与他人建立良好的合作关系，注重工作质量和安全，保持良好的职业习惯和态度，以上都是素质评价所应具备的标准。

第二节　创新创业教育协同机制的运行

德国学者赫尔曼·哈肯（Hermann Haken）最早提出“协同”一词。他认为，系统内部要素与系统间的相互作用在一定条件下可以形成协同作用，产生一种自我组织能力，这种能力可以使得系统的功能与结构变得井然有序，进而让整个系统迸发出新的价值。而“机制”一词源于希腊文，其内涵是事物内在的规律与原理自发地对事物作用，具有自发性、系统性及长效性等特征。在社会科学领域中，机制是指在正视事物各部分存在的前提下，协调事物间的关系以更好发挥作用的运行方式。几十年来，机制一词被广泛地应用于竞争、合作及创新等方面。将其本义引申到社会教育领域，便可形成教育机制，因此，教育机制可以指代教育现象中各部分之间的相互关系及运行方式。按照不同的标准，可以将教育机制划分为多种类型。创新创业教育机制可理解为创新创业教育现象各部分间的相互关系及运行方式。

高校创新创业教育具有全新的育人思想及教育理念，它所涉及的领域几乎贯穿人才培养的全过程，因此，不仅要兼顾理论与实践的综合教学，而且要在教学方式上做到灵活多变。

一、管理决策机制

高校创新创业教育是一种全新的教育类型，其实践过程并不成熟，需要根据运行实施的具体情况来确定，并且要对运行过程中所涉及的各个方面进行不断的完善与调整，因此其运行过程与其他较为成熟的教育相比，会面临更多的选择，相应地会产生更多决策。为了保证创新创业教育的实施与推广始终围绕共同的总体目标，确保运行保障、育人内容等方面始终适应实效育人这一标准，必须建立高效的创新创业管理决策机制。这是高校创新创业教育运行的核心与关键。

（一）管理决策机制的主体关系分析

高校创新创业教育管理决策机制的主体包括高校创新创业教育工作领导机构及创新创业教育专家委员会，前者多由高校的行政管理者构成，后者多由创新创业教育研究及教学的专家构成。如何定位领导机构与专家委员会，以及如何分配高校创新创业教育工作领导机构与专家委员会的决策权力，都是管理决策机制构建的重点。

高校创新创业教育工作领导机构与创新创业教育专家委员会作为高校创新创业教育管理决策机制的两个主体，分工不同且相对独立。创新创业教育的发展方向由领导机构把控，负责对高校创新创业教育进行总体规划，全方位把握创业资源及经费等，其主要决策范围包括整体的规划发展、经费的投入使用及资源的整合分配等；专家委员会是创新创业教育研究的整体管理者，不仅负责教学内容与方法的制定，而且负责科研教学及师资培训等。总体而言，领导机构侧重创新创业教育的发展规划与资源供给等宏观决策，专家委员会侧重创新创业教育的理论研究与课程培训等微观决策。

高校创新创业教育工作领导机构与创新创业教育专家委员会虽然分工有所侧重、职能相对独立，但是二者有着紧密联系与持续作用。领导机构为专家委员会确定教研与理论的研究方向，提供支持作用，而专家委员会根据高校创新创业教育的理论教学研究为领导机构提供策略建议。通过领导机构对高校创新创业教育的整体规划管理，能提高专家委员会的科研教学成效；而专家委员会通过研究方向的决策与教学课程的设计，能将领导机构的思路设想实现到位。要想确保领导机构的决策更具有效性、合理性及专业性，离不开专家委员会的科学建议与理论支撑；同样，要想使得专家委员会找准正确的决策方向，也离不开领导机构的认同与支持。

（二）管理决策机制的运行程序

高校创新创业教育管理决策机制必须具有规范的运行程序与步骤。领导机构与专家委员会作为高校创新创业教育管理决策机制的两个主体，其管理决策的运行程序也是构成管理决策机制的重要因素。

首先，对于领导机构而言，其管理决策的运行程序应当是富有条理与逻辑性的。针对高校创新创业教育现有规划和资源分配等问题，领导机构会进行分析，从而明确其发展的目标。

其次，领导机构将提供至少一种决策方案，由民主程序确定最终方案，并推动方案的实施。当然，在此过程中，领导机构需要根据具体运行的情况进行结果反馈，从而对决策方案进行评估，以确定是否继续执行该方案或是进行调整改进。在领导机构的管理决策运行过程中，专家委员会主要承担着调研及提供对策建议的工作。

总体而言，加强高校创新创业教育工作领导机构的管理决策，在宏观上可以确保高校创新创业的教育内容与发展方向符合学生自由全面的发展需求、学校总体规划发展的需求、政府社会的高度需求；加强专家委员会的管理决策，在微观层面更易形成合理的教学内容、方法与体系，从而确保高校创新创业教育的有效实施及科学发展。

（三）管理决策机制构建的基本原则

为了更好地服务创新创业教育的运行、实施与推广，以及推动创新创业教育的科学发展，构建高校创新创业教育的管理决策机制是必不可少的举措。由于创新创业教育的实施运行与教育发展都有着明确的特定目标，因此二者必然有着相适应的特定价值内涵。构建高校创新创业教育管理决策机制，必须遵循特定的价值规律与基本原则。

高校创新创业教育的宏观目标是结合国家的政治、经济与文化的发展，联系中国特色社会主义教育的实际情况与高校学生全面自由发展的需要，通过教育的实践帮助学生了解创业过程、培养创业意识及创业能力。从微观层面角度考虑，其发展目标是树立正确的创新创业价值理念、明晰创业主体意识、完善创业能力结构及提升创新创业的实践水平。高校创新创业教育管理决策的价值内涵应紧紧围绕宏观与微观相结合的目标体系。概括而言，构建高校创新创业教育的管理决策机制应遵循以下四项基本原则。

1. 把握中国特色社会主义的发展方向

高校创新创业教育的最终目标是培养能够服务于中国特色社会主义事业的先进创业者，因此创新创业教育的管理决策运行过程应当是正确的。在创新创业课程的内容与理论研究中，不仅要保障教学和理论研究成果，而且要使其更好地服务于中国特色社会主义事业的发展。

2. 明确面向广泛学生群体的发展思路

创新创业教育应当适应国家社会发展的各个领域，无论何种专业、背景或职业发展的学生，都应当认识到创新创业教育对他们的能力提升是有价值的。创新创业教育不应仅仅局限于小众教育，使少量的精英学生受益，而是应当面向广泛的学生群体，开展普适性的科学教育，以帮助学生树立创新创业意识、提升创业能力。

3. 遵循面向社会的实际导向

我国正处于经济转型发展阶段，经济社会的转型升级与发展需求要求创新创业教育进行调整与改进，因此需要对创新创业高标准、严要求，从而适应社会的转型升级。在高校创新创业教育管理决策过程中，要注重理论与实践的紧密结合，将资金进行适度整合与调配，投入到实践性的教学任务与科研环节，促使广泛的学生群体能够知行合一，从而真正推动社会转型升级，以顺应时代发展的要求。

4. 坚定全面发展的育人目标

马克思主义的最高命题与根本价值是“人的全面而自由的发展”，它也是我国高等教育所追求的至高目标。创新创业教育综合性较强，可以从价值取向、理念运作及社会管理等层面锻炼和培养学生的综合能力。因此，应坚定全面发展的育人目标，将其作为高校创新创业教育管理决策过程中的核心任务，进而实现学生的全面发展与创新创业教育改革发展的至高目标。

（四）改善管理决策机制的对策建议

1. 转变创新创业教育观念，树立正确的创新创业教育课程理念

高校的管理者要用前瞻性的眼光来设定创新创业课程的理念目标。创新创业教育的核心是完成素质教育的要求，培养学生的创新思维能力，为学生创造条件，使其认识到知识重组的力量。因此，高校既要培养适应目前就业发展需要的普通型应用人才，也要为国家未来的经济发展输送顶尖的创新型人才。明确创新创业教育的课程理念，立足现实需求与长远发展角度，是开展创新创业教育的指导思想。

2. 加强创新创业学科建设，明确创新驱动发展的新要求

高校是创新创业教育的核心阵地，担任着教学科研培训、创业资金支持及人才培养等任务。因此，高校应在激发学生创新创业潜能的基础上，加强创新创业学科建设。例如，应当设立多层次的教研课程，引进先进的高质量师资队伍，积极鼓励师生参与到创新创业的实践活动；在资源合理整合过程中，既要鼓励学生参与创新创业竞赛，也要打造创业导师科研系统，通过运用双向选择导师的制度，将创业项目与创业者进行合理匹配，最终使创业者可以寻找到心仪的创业团队；应当加强对创新创业教育理论与实践的深入研究，充实教育课程体系内容，设定多层次的目标，以吸引更多的学生参与到运行过程。

3. 结合专业教育，拓展教育资源，开展循序渐进式的教育模式

在运行实施过程中，要正确认识创新创业教育的内涵，将其与专业教育相结合，在专业教育的教学中培养学生的自主创新意识，增强创新创业教育的实效与互动性。创新创业教育的教材除了纸质课本，还应包括课程的政策性资料及其他文件。根据这一特点，高校可以精编课程教材，丰富教学资源。由于

“宽口径”培养条件下的课程教学课时有限，因此高校可将相关性较强的实验操作安排在一定的时间段内，这样，既有利于拓宽知识渠道，也有利于在最大限度内获取教育资源。

4. 丰富课外创业活动，鼓励参与学生社团

学生社团是高校的自由活动主体。在创业活动方面，学生社团可以用多样化的方式将兴趣相投的校内外学生集结起来，形成良性的交流沟通氛围，迸发出创业激情和创意。

5. 构建专业的师资队伍，实现多样化的教学方案

高校既可以坚持引进校外师资力量，激发学生的学习兴趣，也可以提供资金支持校内的师资团队“走出去”，学习他人的创业经验及教学方法，还可以通过设计灵活多样的课程教学设计，来满足学生的实践需求。

6. 充分利用校外资源

高校是一个开放性的系统，因此，在推动创新创业人才培养方面，可以联系各方外力，通过其相互作用促进目标的实现；可以校企合作办学，为大学生提供创新创业的实践机会，提升其创新意识、能力及综合素质。

7. 规范创新创业教育主体活动，建立有效的监督机制

高校教学活动的正常运行离不开有效的监督机制。对于高校管理者而言，其承担着高校教学课程规划设计及管理教辅人员的工作，以避免他们在工作中出现主观臆断的不端行为。高校教师承担着创新创业教育的传播工作，高校管理者的监督工作有利于确保教师教学行为的规范性；学生作为创新创业教育的接受者，高校管理者应监督其学风是否端正，防止他们在创新创业教育活动中误入歧途，给个人、家庭及社会带来负面效应。同时，高校应对监督者进行监督，从而营造民主、开放及自由的文化氛围。

二、激励动力机制

推动事物发展的作用力称为动力，高校创新创业教育动力可以概括为推动高校创新创业教育发展的作用力。在我国，高校开展的创新创业教育多为政府驱动，但是在教学环节的设置及企业参与的内在利益诉求方面，市场也发挥着重要作用。因此，高校创新创业教育既源于政府的驱动，更需要市场导向的延伸。

高校在创新创业教育系统中的作用尤为重要，它具有显著的教学科研资源及人才优势，不仅能传授学生知识，更承担着全面育人的责任。高校可以培养学生的思想品德修养，帮助学生树立社会责任与担当意识，同时能够提升其分析、解决问题与创新创业的能力。因此，对于高校创新创业教育而言，其动力既有内生的，也有外生的。高校创新创业教育激励动力机制可以看作推动高校创新创业教育良性运行与实施推广的各种内外要素间相互联系与作用的互动机理。

（一）激励动力机制的运作机理

从宏观角度而言，高校创新创业教育在外部受到政府与社会机构的共同作用。为适应社会转型升级及经济持续发展的迫切要求，政府会进行全面改革，这也势必会加大政府对创新创业活动的需求。在深化改革的背景条件下，政府会对创新创业教育的研究与培养提出更高的要求，需要通过资源调配供给及适当的政策，引导推进高校创新创业教育的发展，扩大人才的供给。对于社会机构而言，新兴领域及亟待转型的成熟领域为社会机构提供了充足的创业机会，在社会责任及自身经济利益的驱动下，社会机构富有创业意愿。因此，创新创业领域的人才需求越发强烈，这便促成了社会机构与高校教育领域的合作。在这种合作方式下，一方面可以通过资源的供给推动高校开展创新创业教育工作，另一方面可以通过旺盛的人才招聘需求调整高校的育人导向，可谓一举两得。

从微观角度而言，高校创新创业教育的运行实施离不开教师与学生两个主体，因此分析教师与学生参与创新创业教育的内生动力和外生动力，对于从微观层面研究高校创新创业教育激励动力机制有着至关重要的作用。教师是创新创业教育的施教者，高校对于其工作量的约束及工作表现的激励举措，都会促使其从事创新创业的教学研究工作。从教师自身角度而言，他们对于创新创业教育的理论教授兴趣及目标认同，都将由内而外地促进创新创业的教育研究。同时，良好的校园文化氛围对于提升创新创业的认识与兴趣及教职工的行为心理有一定的促进作用。学生是创新创业的接受者，高校可以利用学分约束与激励举措推动其参与创新创业活动。同时，他们自身的兴趣及周围群体的良好影响，也将促使他们提升对创新创业教育课程的感知认同。高校创新创业教育微观层面的两个主体互为动力支持：学生参与的创新创业需求将推动教师的教学研究，教师的科研理论研究也会影响学生积极参与创新创业教育课程的训练。

高校创新创业教育的有效推动离不开激励动力机制的作用，它可以激发教师的创新创业教研积极性，进而鼓励学生创新创业的行为。高校为了提升教师的教研积极性，可以将创新创业教学的实践指导考核指标划入绩效考评，将考核结果与教师职称晋升评定联系在一起，对指导学生开展创新创业实践项目活动并取得一定成绩的教师进行奖励，从而调动其教学积极性；高校还应注重对学生的创新创业激励，有关部门应当优化政策，建立良性的自主创业政策环境。高校应改革学籍管理决策制度，推行弹性学分制，让学生可以在较大弹性的学籍时间内安排学习与创业项目活动，实现学工交替，分阶段完成课程学业；同时要发挥学生创新创业的主观能动性，给予其自主发展的机会，对在创新创业竞赛中获奖的学生进行一定的奖励补贴。

对于高校而言，传统的笔试考核方式已经无法适应创新创业教育的考核方式。传统的笔试考试主要考查学生的记忆辨析能力，并不能对其创新意识与能力进行评价。因此，需要建立以素质为导向的考核激励机制。首先，可以对学生的创新创业项目参与度与贡献度进行评定，运用综合答辩的考核方式进行综合评议；其次，可以将创新创业项目的阶段性成果作为考核标准，这既对学生的综合素质提出了更高的指标要求，也体现了创新创业项目的特色目标。高校可以通过设置创新创业教育基金来健全激励动力机制，科学评估教育质量与水平，对表现突出的学生给予奖励。同时，可以将学生参与的课题研究、科研项目实验及创新创业项目等成果转化为相应学分。

政策激励的协同是激励动力机制中的一部分，它注重创新创业政策的可操作性及各政策间的关联性作用。近年来，我国出台了许多关于支持高校创新创业教育的政策性文件。推动高校创新创业教育发展，需要调动各方积极性，在政策方面给予有力支持。同时，各级政府部门应当通过构建经济、教育及文化等多部门协同的工作机制，对现有的政策进行梳理总结，做到及时反馈信息，为创新创业教育提供强有力的政策支持。高校应出台相应的协同政策，如构建激励机制，加强创新创业师资队伍建设，组织参与创新创业竞赛；鼓励师生协作创业，将校内、校外的创新创业资源进行整合汇聚，从而为创新创业教育工作的开展提供政策支持。创新创业政策在高校毕业生的创新创业指导服务中具有重要的激励引导与制度保障的功能，政策激励的协同包含了不同主体间的政策协同及政策先后协同，通过协同可以充分发挥政策的有效作用。另外，政府在制定政策时，应充分考虑高校毕业生与其他社会群体间的创业行为差异，要有针对性地为其提供指导建议。

企业在激励动力机制作用下，会根据自身需求融入高校的创新创业活动项目。它将利用自身的技术、资金及渠道参与高校人才培养方案的规划制订，在高校内为学生举办创新创业分享交流会，为即将进行创业的大学生进行思想上的宣传引导，以确保创新创业教育能够朝着合理科学的方向发展。企业或许还能为热爱创业的学生提供岗位实习的机会，从而为学生的创新创业打下坚实的基础，也为学生的创业梦想的完成提供更多的动力支持。

（二）激励动力机制构建的基本原则

高校创新创业教育的动力来源是多元化的，受师生、高校及政府等多方因素的综合影响，因此，在构建激励动力机制时，应遵循一定的原则，确保各方管理决策主体可以方向一致、相互配合，将高校创新创业教育的力量发挥到极致。以下从高校创新创业教育的内涵及要素特点入手，提出高校创新创业激励动力机制构建的三项基本原则。

（1）维护各方动力的动态平衡。

维护各方动力的动态平衡包含两个层面：一是各方对于推动创新创业教育程度的相互适应；二是推动的方向要相互一致。

从第一个层面来看，维护这种动态平衡的原因在于，推动高校创新创业教育的动力相比较之下会有强弱，若要从高校创新创业的最优角度出发，并非动力越强越有效果。在宏观方面，当政府和社会提供给创新创业教育的动力大于高校所提供的动力时，政府和社会对创新创业教育则过分强调或高估，可能会利用资源渠道与行政压力使高校迫不得已改变原有的教育规划，这样不利于高校创新创业教育的发展，同时会影响其他课程的教学；当政府和社会提供给高校创新创业教育的动力远小于高校所提供的动力时，政府和社会对创新创业教育的关注度会递减，高校在资源配置方面也将面临困境。在微观方面，倘若高校师生的内外动力发展不匹配，则会造成动力失衡，对创新创业教育的运行实施带来障碍。

从第二个层面来看，如果各方动力强弱相适应但发展方向不一致甚至相反，那么将会阻碍创新创业教育的实施运行。在宏观方面，若政府和社会机构过分强调实践性的创新创业教学，而高校更为注重理论性的教学，二者对于发展导向的不一致将会使得高校的实际资源无法得到合理配置，社会也无法获取高素质的人才。在微观方面，若高校注重教学水平与质量的提升，而教师注重理论教学、科研水平的提高，高校会对教师匹配的资源提出考核标准，如果教师的理论规划无法达到高校提出的考核标准，那么创新创业教育水平的质量与理论研究水平都无法得到可靠的保障；若高校注重激发创新创业的理念认同，而学生注重自身综合素质的培养及创业能力的提升，那么高校提供的课程训练很可能不能满足学生的需求，从而导致教学资源的配合失衡，必然会影响创新创业教育的效果。

总而言之，遵循高校创新创业教育的发展规律，走科学发展的道路是维持创新创业教育过程中各方动力动态平衡的重要保障。无论是宏观角度还是微观角度，师生、高校及政府间都应形成一种良性协调的关系，纵使各方主体的出发点、关注点有所不同，但是只要确保各方能够在推动创新创业教育的力量与方向上适度并保持一致，便可达到一种动态平衡的理想状态。

（2）协调各方动力间的培育转化。

高校创新创业教育的运行离不开各方的共同努力，各方动力作用的发挥离不开精心的培育与转化。从宏观角度来说，培养学生全面发展的路径有很多，但是若想使以政府转型升级为导向的动力融入高校创新创业教育，就必须对其进行政策引导与资源的合理配置。从微观角度而言，学生针对自身综合素质的提升和能力开发的方式有很多，若想使得高校推动创新创业教育的动力通过特定途径转化为学生自身的动力因素，则必须开发培育出合适的动力载体，这种动力载体既有显性的，也有隐性的。对于高校创新创业教育来说，显性的动力载体包括政府的鼓励政策、高校的奖惩规定及政府与社会机构提供的经费等物质支持；隐性的动力载体包括大众对创新创业行为的认同与尊重，以及鼓励学生参与创新创业的校内文化活动等。只要能够注重各方动力有层次地与各层面主体参与到创新创业教育工作，对其动力进行合理的引导、强化与推进，便可使高校创新创业教育的运行实施达到最优的状态。

（3）防止各方动力的异化发展。

高校创新创业教育的动力一旦调控不准确，或者力度与方向把控不稳定，极易产生异化现象。动力异化主要表现在教育的工具化与应试化方面。政府及社会机构在推动创新创业教育过程中，将其看作社会转型升级与创业机会的工具，过度强调短期成果而忽略教育自身的价值规律，这便是工具化的体现。高校在这种引导下，会局限地关注学生的理论支持培养而忽略创新理念的迸发，同时违背了全面自由的育人观念。而应试化是高校通过考试的传统方式对学生参与创新创业活动情况进行局限性的考核，这种方式无法从真正意义上体现学生的真实创业认知和综合素质，同时在一定程度上会打击学生的积极主动性。因此，高校在坚定创新创业教育发展目标时，要始终坚持自由全面育人的教育理念，并在此基础上，形成特色的课程理论教学方式与科研培养方式。此外，高校还可结合各方动力主体的建议策略进行沟通交流，深刻总结认识创新创业教育的发展规律及本质特点。

（三）激励动力机制的完善策略

在高校创新创业教育协同机制运行过程中，其决策主体方应制定科学合理的管理规划、明确自身的工作任务，以此确保各参与主体方可以共同协作，拥有高度统一的思想意识与发展目标，从整体利益最大化的角度出发，发挥最大效能；应制定相应的行为规范与工作流程，要求各方严格按照规章准则开展工作，并在所制定的标准体系内高效率地完成工作；应制定奖励机制，此机制应以协作参与、信息透明共享作为行动准则，以此更好地协调各方代表高效完成项目决策，增加各方代表的沟通、交流与了解，培养各方代表间的默契合作能力，确保运行过程的公平、公正与公开。通过奖励机制，可以有效地增强各方的竞争协同意识，从而提高高校创新创业教育机制整体的协同工作效率。

提升高校创新创业教育协同作用的关键在于完善利益分配制度，激励企业及行业单位参与到高校创新创业教育。首先，高校应当建立创新创业教育专项资金，用于健全校企协调培养机制，提高高校教学条件及设施建设。其次，高校应对协同培养的企业及导师付出的指导工作进行激励补偿，以提高其参与创新创业教育的兴趣与积极性。最后，高校要优化校企合作教育指导教师的考评标准，切实有效地对其教学质量与工作量进行评价，建立高效的晋升机制，以此激励指导教师重视对学生能力的培养。

高校创新创业教育激励动力机制的高效运行离不开政府、企业及高校等的共同努力。营造良好的创业环境，需要国家和政府在资金与政策方面给予全方位支持与扶持政策。

三、调控机制

高校创新创业教育在运行过程中有多个行为主体参与，各行为主体在自身利益、情感及认知等方面的不同，会导致运行过程中的行为冲突，进而阻碍高校创新创业教育的发展。若要保证其正常运行，则必须进行合理调控。高校创新创业教育调控机制可以理解为通过制定目标、合理定位及发挥作用等方式，调节化解其运行过程中出现的矛盾和问题的机制。

（一）调控机制的调查评估环节

对运行情况进行科学调研，对矛盾问题进行准确判断，是高校创新创业教育运行工作调控的重要组成部分。建立调控机制的重要前提是具有完善的调查评估环节。

第一，在完善调查评估环节时，涉及的学校部门及实践教学活动较为繁多，因此必须明确调查评估环节的主体，明晰其责任，从本质上对高校领导机构的决策进行干预、指导和管理，这都是在为资源合理配置打基础，以促进创新创业教育水平不断提高。

第二，为了提高化解矛盾的效率，在工作领导机构和专家委员会两个决策主体内部，应分别设立运行调查评估部门。这样，不仅可以提高反馈效率，而且能够保证评估机构的威严性，有利于将两个决策主体间的思想价值和理念导向贯彻到工作中。

第三，为了保证评估反馈信息的客观性，还可以引入校外的第三方调查评估机构，这是对评估工作的一大补充。三方的工作性质在一定程度上较为相似，但是侧重点各不相同：领导机构负责的调查部门主要从创新创业教育的宏观层面着手，负责整体投资与资源调配；专家委员会负责的评估部门更侧重微观角度，如师生的建议策略及教学科研的设计运行；校外第三方专业评估机构侧重创新创业教育的整体运行情况，使其达到高效、理想的目标。

（二）调控机制的协调完善环节

由于调控机构的调查评估环节所涉及的部门众多，在此过程中会涉及跨部门合作，因此可以从组织和制度两个层面推进高校创新创业教育。

1. 从组织层面推进

第一，跨部门协作面临的首要问题便是各方的利益不平衡、目标不一致，一旦两个部门间缺乏协作和沟通，将会影响整个创新创业教育的成效。因此，结合我国高校的实际情况，需要成立一个富有权威性的管理组织来对跨部门协作进行管理，其职能便是打破部门合作壁垒，加强部门间的交流沟通，最终实现行动的统一性。

第二，多部门间的工作交叉将导致跨部门协作的效率低下且极易产生矛盾。为了消除这种模糊工作职责带来的合作障碍，要做到以下两点：一是明确各部门在协作过程中的职责权限，利用协商性的工作文件与会议，将分工制度化；二是明确职责主体的工作，加强职责权限难以划分的部门之间的信息交流，拓宽信息反馈渠道，减少和化解工作矛盾。

2. 从制度层面推进

高校创新创业教育的跨部门协作若想达到可持续、规范化，既要有规章制度的刚性需求，也要有文化交流的柔性保障。

第一，从跨部门的刚性保障角度考虑，如果仅仅依靠部门间的口头协议和人际主观因素来协调完善部门间的关系，跨部门协作是难以持久的，因为它无法保证高校创新创业教育的稳定发展。只有构建出协作部门认同的规章制度，加以强有力的手段进行规范，那么在遇到矛盾时，才能确保协作的可靠性与持续性。高校创新创业教育跨部门的正式制度需要强制力加以保障，因此，首先应明确协作制度的制定机构。高校创新创业教育工作领导机构与专家委员会作为两大决策主体，可以根据相应的决策范围和侧重领域制定协作制度。其次应形成相一致的制度体系，由于决策主体的不唯一性，在协作制度标准方面或许会产生矛盾与冲突，因此必须在制订协作制度方案时充分了解双方意愿，加强沟通交流，形成一致的制度目标体系。最后应在充分了解和调研各职能部门及科研教学机构的基础上，建立制度执行的监督机制，通过预警等强有力的手段将协作制度落实到位。

第二，从跨部门的柔性保障角度考虑，一方面，文化交流的构建应当以共同的价值取向和理论信念为基础，不同部门间建立的理念共识应以相同的价值取向为联系，从整体利益最大化的角度出发，制定自身的行为目标；另一方面，应构建更多的良性沟通平台和协作机制，拓宽交流沟通渠道，创造更多的常态化对话机会，做到资源共享、信息互助，营造一种良性和谐的文化合作氛围，以此提高部门间的默契。在此过程中，也可加强各部门成员的合作意识，建立长期有效的互动信任感，这有助于构建协作文化生态，满足共同的价值理念与目标追求。这对于高校创新创业教育的发展具有重要意义。

第三节　创新创业教育协同机制的保障

建立完善的高校创新创业教育协同机制保障体系，能够保障创新创业有关教学活动的顺利开展。不同于其他形式的教育，创新创业教育是一种崭新的形式，旨在促进人的全方位发展，实施起来比较复杂，需要建立一套成熟的保障体系。

高校创新创业教育协同机制能否高效发挥作用，取决于三个关键点：一是组建高水平的教师队伍，二是保证优质的教学质量，三是营造良好的教育环境。与此对应，高校创新创业教育协同机制保障体系应包括三个部分：一是教育队伍保障体系，二是质量管理保障体系，三是制度环境保障体系。

一、教师队伍保障体系

教师是创新创业教育知识的传播者和实施者，学生创新创业理论知识和实践训练离不开专业教师的指引。只有组建完备的教师队伍保障体系，才能保证创新创业教育协同机制的高效运作。加强优秀教师队伍建设，是创新创业教育协同机制高效运作的根本保证。教师是促进创新创业教育的中坚力量，在教学方式的采用、教育质量的完成等各方面都发挥着重要作用。高质量、优秀的创新创业型教师队伍，对转化教育观念和形式、提高学生的创新创业能力有着举足轻重的作用。

一方面，我国创新创业教育由于开展得较晚，其观念和形式在初期推行过程中会出现教师缺乏的情况；另一方面，创新创业教育必须理论联系实际，要有理论授课教师和具有丰富创业经验的教师。鉴于此，在创新创业教师队伍建设中，应构建一支结构合理的专职教师和兼职教师相结合的教师队伍。

二、质量管理保障体系

高校教育改革发展的关键任务是努力提高教育质量。高校可以组织创新创业质量保证领导负责小组和专家小组，利用行政力量和学术权威，协同保证创新创业教育质量。要建立行政和学术体系下的教育质量保障体系，就需要对大学创新创业教育质量进行深入评价和剖析。建立高校创新创业教育质量评估制度，是大学创新创业教育质量管理保障体系的重中之重。

教育质量保障不仅包括创新创业教育师资、物资等保障，而且包括创新创业教育的教学成效保障。在此基础上，要建立以加强创新创业教育评估为焦点的创新创业教育质量管理保障体系，按期考评高校创新创业教学组织状况与教学成效，随时监测并对其实施情况进行考评，为提高教学质量提供科学依据。

三、制度环境保障体系

尽管教育环境对教育的影响是潜在的、间接的，但它对教学效果产生的影响是不可小觑的，它是高校创新创业教育协同机制保障体系中必不可少的一部分。

创新创业教育环境是指营造良好的学校创新创业氛围和支持创新创业教育发展的制度环境，是全校师生身处校园中可以感受到的有关创新创业的意识形态、价值规范。教育环境包括学校基础设施，如教学楼、图书馆、食堂、宿舍楼等；学校环境构造，如绿化设计、建筑风格、校园规划等；学校规章制度，如管理制度、发展规划等；精神文化，如校史、校训、学习风气等。构建高校创新创业教育制度环境保障体系，是指营造一个有利于开展创新创业教育的环境的一套保障体系。

营造良好的高校创新创业教育环境，可以推动高校创新创业教育顺利开展，保证全校师生在校园中感受到有利于其创新创业能力提升的教育元素，提高教师创新创业教育的管理效率和教学质量，提高大学生参与创新创业教育的热情与成效。

第五章 创新创业教育改革的实践路径

第一节 创新创业教育管理

数字经济是我国经济发展的强大推动力，它必然给传统产业带来变革，创新应时代而生，主要解决的是发展动力问题。在我国经济常态化的背景下，高校管理和人才培养同样需要创新。近年来，创新创业教育管理成为高校重要的教学改革事项，在政府的大力支持下，呈现出发展和规模快速上涨的态势。而创新创业教育管理理念滞后，与专业教育结合不紧，与实践脱节，等等，是当前我国高校创新创业教育管理中存在的不容忽视的突出问题。大学生主体的发展有规律可循，环境和管理制度的不同会使大学生心理状态有差别。因此，在数字经济时代背景下，大学生的主体因素和发展规律在创新创业教育管理中不容忽视。

一、创新创业教育管理的意义

（一）经济发展的客观需要

目前，我国经济发展进入新常态，即在经济结构对称态基础上的经济可持续发展，包括经济可持续稳定增长。经济发展不再追求总量的增长，而是在稳增长的过程中调结构。经济新常态就是用增长促发展，用发展促增长。习近平总书记强调，中国要走创新驱动道路才能真正强大起来。科技创新是我国综合国力提升和现代化产业体系建设的战略支撑。自主知识产权、核心竞争力和企业技术提升、产业结构升级、生产效率增长方式转变等，都需要创新能力。由此可见，以应用型创新为导向培养创新型人才，是经济发展的客观需要。

（二）高等教育的客观需要

全世界的大学都在积极融合创新创业教育管理思想，为高等教育增添新的活力，对课程、教学、师资、人才培养等进行全新的教学改革。因此，推进大学生创新创业教育，是我国经济社会发展对高校教育提出的迫切要求。

（三）学生素质全面发展的需要

一个国家的文明程度和发展程度体现在国民素质上，世界各国都高度重视并大力推进素质教育。素质教育实质上是“尊重个性，发展个性”的教育，实施素质教育更需要重视因材施教，重视对学生的个性化培养。创新创业教育管理理念强有力地促使高校开始思考“社会需要怎样的创新型人才”，进而重视素质教育，注重对创造力和创新精神的培养，让学生的个性得以充分发展，从而形成健全的人格。创新创业改革目标就是培养具有创新精神、创业能力的高素质人才。这种分层次、差异化、个性化的人才培养方式，也是当前实施素质教育的要求。

二、高校创新创业教育管理模式

高校创新创业教育管理是应社会发展与进步的需求而产生的，是推动高校教学管理改革、提高教育质量、提升数字经济时代学生就业率的强大动力。

（一）融入校园文化

在高校中，要营造浓厚的创新创业校园文化环境氛围，形成新的职业价值倾向，激发师生创新创业的需要和激情。创新创业校园文化环境包括制度环境、物质环境、精神环境。高校的创新创业改革绝不是几名教师的任务，而是需要全员参与，转换人才培养理念。

（二）创新创业教学设计

我国创新创业教育的定位是面向全体学生，而简单开设创新创业课程显然不能满足错综复杂的个体差异需要。发散思维、创新精神、创造力等都需要从小引导，循序渐进地培养，所以低年级创新创业教育管理是高校创新创业教育的重要基础和保障。高校要针对学生的特点开设创新创业选修课，成立创新创业社团，由浅到深、循序渐进地引导学生进行创业项目设计，通过逐级的竞赛给予学生奖励和正向反馈，激发学生的成就动机及学习的自主性和积极性，不断拓展教学空间。

（三）社会系统的支持

创新创业教育呈现出支持保障体系完善、产学合作广泛、重视企业家精神培育和价值引领、注重国际性与开放性等特点。可见，创新创业教育管理不是高校单方面的事情，而是需要一个庞大的支持系统，形成一个促进创新创业的生态体系。我国的创新创业教育管理也应该重视和鼓励各方力量参与。

（四）加强产教学研结合

产教学研结合不仅有助于学生巩固课本知识，增强学生创新创业的意识，还能在具体的技能训练中培养学生的创新创业能力。高校在人才培养中要重视对人才进行订单式培养，从社会实际需求出发，让学生在就业竞争中展现实力。将理论教学、实践教学与科学研究有机结合，鼓励创新研究，增强创新创业教学实践效果，培养学生的创新意识和创业能力。

高校开展创新创业教育改革的目的是提高人才培养质量，为社会经济发展注入强大动力。创新创业是一个复杂的生态体系，在推进过程中难免会遇到各种各样的问题。在我国经济新常态背景下，高校教育工作者要高度重视创新创业教育，与时俱进，利用好产教结合、校企合作平台，以足够的耐心做到分层分类、逐步引导，推进面向全体学生的创新创业教育管理改革。高校要全面深化创新创业教育改革，培养和造就有创新精神、敢于承担风险、有创业能力的高技术技能人才。这既是新时代的历史使命，也是为创新型国家建设提供强大技能型人才支撑的必由之路。

第二节　创客空间的搭建

一、高校创客教育实施的基本路径

（一）高校创客教育实施的方向

目前，我国高校“双创”教育的开展还处于初期探索阶段。因此，在高校创客教育实施方向上，应在现行的科技条件背景和社会变革的大趋势下，寻找那些可以遵循的规律，以谋求在短时间内利用有效的资源，产生大量高质量的项目并进行强化。

1. 创新、创业与创客

我国高校的创新、创业、创客教育是从不同角度进行的同一个工作的项目内容。

（1）创新是人类发展的原动力，是思想方法和理论凝聚的重要范畴点。只有不断地创新和迭代那些固有的需要改革的部分，才能使一个事物、一个项目和一种思想的走向更加现实和完美。创新是从思想意识和时代趋势上诠释操作规律，让广大师生树立创新意识、发挥创新精神、掌握创新技能与创新能力，并在技术部分运用娴熟之后奠定创新的物质基础。

（2）创业是将创新所产生的对某一事物、某一思想或某一范畴的技术性突破和思维上的突破创新点及项目落实到实际生活和市场竞争中，是对人类的生产生活和科技进步去做更深入的具体操作，以谋求良好的利润。创业类型主要分为创新型创业与改变型创业。

创新型创业是在创新的前提下，做出开创行业和高科技的亮点，以在充满市场竞争的社会环境中去落地、去运营、去输出有价值的产品和服务、去服务广大的用户与客户。由于创新型创业科技含量高、市场价值高，因此易受到资本青睐。

改变型创业是在已成熟的领域、运转良好的商业板块、正在应用和经过人们的实践检验的基础之上，进行裂变型的改变，也就是将其某一部分进行迭代升级与创新改变。改变型创业的优势是在已经非常成熟的项目上进行革新、改革、裂变和迭代，因此它的成功率比创新型企业的成功率要高，而且更加接近市场变现的路径，更容易在短时期内推出能满足客户需求的高质量的创客项目。

（3）创客是指将一种想法或一个创意变成一个有价值的产品与服务，并以此为乐、追求实现自我价值的群体。创客已经被我国高校中有作为的具有创新创业能力的人所接受，并且成为他们的一种生活方式。

2. 创客创业方向

（1）创造性产品创客创业。

产品是创客创造出的原创、即时类产品，这些产品可能有着创造一个新行业的能力。在高校创新创业的创客教育活动中，应大力鼓励应用此类产品进行创业。但应用此类产品创业不易产生巨大的规模性效应成果。

（2）创客性产品创业。

创客在某一行业的某一品类上进行再创造、再延伸、再发展，使其产生拐点，这个拐点对于整个行业具有颠覆性的影响。

我国高校“双创”学院在对产品创客进行教育培养与引导时，会着眼训练创客的各项能力。其中最主要的是对产品创客的大脑灵活度的训练，使创客能够产生非凡的想法。这样的训练能够让产品创客将现有的产品进行拐点式的改造，并基于社会需求，创造出那些能够满足人们生产生活需求的创客产品。这些训练包括多行动少抱怨、改变思维方式、改变固有习惯、打破规则、探索未知世界并实验、专注聚焦、增加毅力七个方面。

(3) 营销类创客创业。

营销类创客泛指在产品创客将产品创造出来后将产品推向市场，寻找渠道与客户的创业群体。他们在销售产品过程中，不断地了解客户的最新需求，将产品进行无限接近于客户需求的迭代。

在我国“双创”学院的施教过程中，应该采取有效的手段培养营销类创客。产品创客只需要将一种想法付诸实践，发明创造出产品；而营销类创客要将一个产品卖给用户，所以一定要足够了解这些用户的需求，以完成商业转化。

(4) 内容传媒创客创业。

内容传媒创客创业既包括对科技、人文、心理、历史、哲学等方面的内容进行创作及演绎的创业行为，还包括将已有的内容通过图书出版，拍摄电影、电视剧、动画片，制作情景剧、歌曲，创作诗歌、舞蹈等形式进行内容创造的再表现。

内容传媒创客创业这一个概念在高校“双创”教育中才刚刚兴起，并且在我国社会主流人群中也刚刚被知晓。内容传媒创客创业继通过纸质图书、电视、电影、歌曲、舞蹈、情景剧等进行表现之后，随着近期移动互联网、软硬件和带宽的提升，又在自媒体上获得了更多机会。就目前的发展形势而言，内容传媒创客创业已经形成相当的规模，在不远的将来，这些自媒体的表现形式和内容创业的繁殖量将会超过传统内容创业与传统媒体的表现量。由此，不得不引来当下高校“双创”教育的反思——仅窄范畴地将“双创”局限于开发一个产品、建立一种模式，或是开办一家公司，是无法将这些文化类的无形资产进行充分利用的。

(5) 创投类创客创业。

创投类创客创业泛指那些将工作范畴放在一个项目的种子阶段、天使阶段和风险投资阶段的工作群体所进行的创业活动。高校要快速建立由专业的天使投资人、风险投资人组成的教师团队并开设创投类的专业，对创投类创客进行培养，这对利用资本杠杆、在项目前期进行风险投资的创投类创客具有重要价值。

我国对创投类创客的培养经验尚显不足。我国高校“双创”学院应该从高层领导到教职工、从业人员，从课程设置到具体实施，都在认识和做法上有一个巨大的转变，这一点对我国“双创”创客的教育与实施成果的产生是至关重要的。

在当下成熟的市场运作模式中，产品创客、营销类创客与创投类创客缺一不可。

（二）高校创客教育的实施路径

1. 高校创客教育发展定位

我国高校创客教育的发展是以各高校的专业性质、优势专业及所在城市的特色产业为参考坐标来制定创客教育发展定位的。

（1）高校专业性质。

高校所肩负的教育内容与教育任务，是决定其如何能够高效、便捷和多产地创造出创客项目的前提。高校要根据自己的创客教育发展定位，规划自己的创客教育实施方向和优化路径。

（2）优势专业。

高校依托已具备的优势专业的人才生态体系来规划创客教育实施发展的路径，将有利于创客项目的产生、孵化和形成成果，同时能够促进专业人才的培育及科研项目的诞生。

（3）高校所在城市的特色产业。

一座城市的特色产业会形成一个大生态圈，围绕特色产业又会聚集大量相关的高端人才和优势资源。依托城市的特色产业，高校能突破自身在网罗资源与人才方面的局限性，促进创客人才和创客项目的储备与诞生。

2. 高校对创客行为的支持

（1）场地支持。

创客教育与创客研究是一项长期的工程，创客需要在稳定的工作环境下做项目，所以必须获得场地方面的支持。高校应当引入创客空间与创客小组的活动产品，以利于更多的人加入创客教育，接受创客文化，创造创客项目成果。

（2）授课支持。

对于高校中专业的创客群体，应该为其提供系统的、完善的、具有特色和前沿性的专业创客教育实施体系，以便于其使用课程总结出来的新方法。

（3）宣传支持。

高校宣传媒体与宣传阵地要高频次地进行创客教育、创客行为的引导宣传和创客优秀人物的表彰，鼓励科研人员参与创客教育，助力专业创新。

（4）资金支持。

除自身投入资金，高校还需引入社会创投资金、企业科研资金等，使本校的创客教育在强大的资金支持下快速产出成果。

3. 高校创客商务拓展的生态资源

（1）政府生态资源。

各高校需要深度解读政府推出的政策，深入对接政府，顺应大势，利用政府层面的资源来助力自身创客教育和创客项目的实施与发展。

（2）科研院所生态资源。

研究院和科研机构拥有大量的国家支持资金，储备着大量国家层面和全球层面的优秀人才，有大量先进的实验设备、实施设备，以及完善的场地和充裕的资金等。高校要在本行业和本地区找到能够帮助到自身创客教育实施与创客项目落地的相关研究机构，利用其优势资源，为自身创客教育与创新项目落地发展开拓有效路径。

（3）企业生态资源。

大部分的创客项目集中在科研产品研发和商业模式创新等方面，与企业有着天然的有机连接。因此，高校要结合企业的资金、市场、信息、大数据分析、客户需求反馈，不断明确创客教育的方向，优化创客项目的功能。

（4）创客空间生态资源。

创客空间是专门服务于创客的一个综合服务体，它既有办公空间的功能，又有资本辅导方面的功能，也有关于行政和社会事务代理方面的基本功能。校内的创客空间应该快速地打通各个专业的创客空间之间的壁垒，实现资源互通、资源互补，以利于高效地运用本校所具有的创客空间资源。同时，要找到同行业全球范围、全国范围和全城范围内跟自己有关联、有互补、有沟通，可以进行资源输出的创客空间，开辟这方面的有效通道，以利于自身创客教育的发展和创客项目的诞生、孵化、应用。

（5）投资机构生态资源。

高校创客的商务拓展是一项以市场为导向的工作。高校应发挥自身的优势和影响力，大范围地去沟通投资机构，以取得投资机构对创客教育优化的支持。

（6）院校间的联盟生态资源。

各个高校都有自身的特色，都有自己优势的专业和人才优势生态圈。因此，在高校实施创客教育、商务拓展、项目落地时，一定要充分地考虑与其他高校的优势资源进行结合、互补、利用，与其他高校的优质人才并肩作战。

二、高校创客教育实施的节点

（一）高校创客的项目管理方式

中国高校的创客项目管理从管理区域属性上可分为专业创客空间的创客项目管理，创新创业学院的创客项目管理，各专业科研院所的创客项目管理，与其他校外研究机构、校外创客空间和其他关联单位合作的创客项目管理。

成立以高校为中心的组织机构对创客项目进行管理与运营，是最高效、最稳妥的一种创客项目管理形式。其功能是管理创客的创客项目、创客空间、创客的融资评定与资源配置，协调创客在创客空间的日常工作和发展方向、计划目标和资源配置，协调创客空间与具体运营公司各部门之间的衔接工作，以及协调创客所创业的项目公司与税务部门、法务部门、银行部门和国家行政管理部门之间的日常运营工作。高校对创客的日常项目管理涉及以下九大方面。

1. 项目准入流程的管理

对项目的准入与准入条件的管理，是项目日常管理的基本内容，也是日后资源配置、人员配置和专家配置能够实现优化的基础保障。为此，需要做到：第一，要确认创客拥有基本的公民权利。如果创客是未成年人，要在监护人的同意下才能入驻。第二，对其创客项目计划书进行有效的审核，确保其项目是符合国家经营许可、符合国家法规制度、对国家的安全和环境不会造成危害的，才能允许其入驻。第三，进行各项材料的审核，确认准入期限、退出机制和特殊帮扶政策，并签署入驻场地的日常协议与场地使用的说明和安全责任书。

2. 创客项目管理机构的管理

创客项目管理机构应该对项目进行常规的分析、分类，并进行阶段性的资源梳理，以便创客能够专心地进行项目发展。

3. 项目日常运营

项目运营组的作用是负责创客在创客空间、科研单位及协同的创客项目所在地的日常管理工作。具体包括：制定特性化的创客项目管理制度、日常运营和年度工作思路；组织、策划、召开有关创客的各类创新培训、日常专家交流会和对外资本路演；做好创客项目的评估、管理、营销、技术、法务、财务的个案咨询；对入驻创客空间的个人、团体和项目进行资格审核，对应用的场地、设备进行定期的维护；对安全、防火工作进行定期检查和责任区分。

4. 专家顾问团工作

专家顾问团的主要功能是运用专家的智能、不同领域专家的前沿成果，对创客项目进行日常服务和广谱化教育。它具体以培训班、咨询团、帮扶团、“陪跑”团的形式对项目进行日常服务管理。

5. 经验交流

经验交流需形成流程化的管理，对创客的经验交流、培训和专家咨询等，应该制定标准的流程，事先进行备案，做好日常管理工作，以避免重要资源浪费和在工作流程中产生对接不畅的风险。

6. 项目合作

创客本身的创业项目，如果是自运营，那么肯定需要合作；如果是合作项目，那么肯定需要与其他公司、项目进行协调管理与运营。管理机构应授权运营组进行前期的确认与管理，以避免在合作过程中出现风险，并确立好合作项目的责任分化、资金管理与项目的终止退出机制，使创客项目在管理上步入成熟的、高效的轨道。

7. 创客基金

对创客基金本身与创客所需资金的管理，应该实行专款专用，并设立标准的使用流程。对某一类国家特殊投入的项目资金，不允许为其他项目所使用，要保证国家所确认的项目资金在使用上是透明的、可控的。

8. 融资计划

对其他机构和联合单位所投资金，要保证其在投入方向上无风险，不会被挪用和不正当使用，保证创客项目日常运营管理的可控性和高效性。

9. 记录、评价与奖惩

应设立项目的日常记录流程，对项目的日常评估进行阶段性评价。对有突出表现者进行表彰，对违反管理条例者进行有效监督并给予相应的惩罚。

（二）高校创客项目的数量

确定高校创客项目数量的增长点和普遍规律是现阶段的一个重要任务，可以从产生点、增长点、增长方式三个方面进行探索。

1. 产生点

产生点即创客项目数量的增长点。寻找具有普遍规律的增长点，就能促进创客项目的大量产生。

2. 增长点

如果说创新、创业和创造会让一个事物茁壮成长，那么创意就是种子，让事物有了生根发芽的根基。在高校创客项目数量增长方面，要做好以下四个方面的工作。

第一，要具备强大的自传播性。对参与者，要鼓励其开通移动社交媒体端口，如微信公众号、微博、微直播等。在现今这样一种强大的自传播环境中，要积极向外传播自己的想法和创意，与他人进行信息交流，获得信息反馈，弥补自身在创意方面和专业方面的不足。

第二，与相关领域范畴内的潜在客户进行有效的沟通。在创业过程中，要让潜在客户提供最真实的用户需求和价值取向，从而让创意有的放矢。另外，要根据用户与社会某一类需求人群的需求点，去寻找那些以结果为导向的创意点。这一点应该在“双创”教育中提供切实可行的操作方案。

第三，整合周边的强关系与弱关系。将身边可能会对创业有帮助的信息、人及知识有机结合在一起，高频次地进行基于用户需求的交流，以激发出平时交流与思考中不能产生的重要增长点。

第四，彻底采用线上交流与线下交互的操作模式。在移动互联网社交与自媒体发展繁荣的当下，线上交流能够让人们充分利用碎片化时间、打破地域限制进行高效交流。由于线上交流存在不能面对面交流的缺陷，因此必须将其与线下交互场景相结合。线下的交流方式有头脑风暴、专家咨询、项目路演等。

3. 增长方式

第一，纵向推进的创新模板。创客在原有产生点的基础之上，通过纵向的推进，不断串联产生更多的创新项目，进行螺旋式的递进，产生无限的创造项目的点。纵向推进的创新模板从三个方面来培养创客：一是基于丰富的知识储备与广泛的高度融合；二是使其在事物的初始阶段具备极强的好奇心；三是使其对所研究的事物不要过于草率地下结论。

第二，横向推进的创新模板。创客在原有产生点的基础上，通过横向思维拓宽对知识的选择范围，运用想象力对既有事物进行添加，使原有的创客项目产生很多其他的连接点，进行多产品的横向连接联盟，大幅增加创客项目的数量。这个模板的主要功能是一种并联式的横向思维模式。在操作横向创新模板时，应该让人们有广泛的兴趣和对市场的深入探究，进而横向连接、重新排版，将两个或更多个项目横向连接在一起，这对增加创客项目的数量有非常大的作用。

第三，立体生态的创新行为。所谓立体生态的创新行为，就是在某种产品的生产链条上的创新。链条是将产品服务及信息从来源处安排到市场处所采取的一系列活动和手段的顺序。要对产品的市场活动的链条顺序进行再创新，寻找出全新的信息和增长点。重视以一个链条和一个核心的科技研发原点为主线，成批地、全产业地、全链条地形成创客项目数量的增长点。在一个大的链条上进行思考，会找出其中很多的闪光点、产生点和增长点。在产品信息需求服务来源、市场层面应用、客户反馈这个大的立体生态链条上，只有多角度（纵向、横向、俯视、仰视）地去看，才会发现更多的增长点。

（三）高校创客项目的质量

高校创客项目的质量包括以下四个方面。

1. 控制点

要根据不同领域、不同专业、不同高校的教学范本与教学模板，对创客项目设置标准的质量控制体系与控制点。质量的控制点由学校与实施人员商谈编定，并在实践中加以检验。

2. 控制方法

要从结果出发寻找答案，倒推创造出来的创客项目。这种从源头上采用以结果为导向和逆向求异思维的质量控制方法，会使项目在创业初期走上一条能够对接到现实应用的规范之路。

3. 能力训练

第一，建立项目基础文件库，在创造过程中不断检测质控点，预防其偏离质量控制的方向。

第二，描绘各个质量关键创造点的鱼刺图，以便在更细分的方向上控制质控点。

4. 项目路演

第一，初级路演层次可测试项目的可行性与需求性，提升项目的优质率与项目团队成员的高频次交互。项目路演可以分为内部项目路演与外部项目路演。集中内部人员进行正规的路演，可以完整地叙述一个创业项目，让大家从各个方面进行评定，以提高项目的质量。开放外部的路演，也就是将非项目小组内的工作人员、非相关的人员与市场用户人员引进到项目的路演操作流程，让他们站在各自不同的知识领域与市场用户需求的角度，对项目进行意见反馈及高频次的交互。

第二，高级路演层次是对天使投资人进行的项目路演，是通过项目与资本行为相结合的市场化标准来评判创客项目质量的。因为评判创客项目质量的关键因素是能否市场化，而能否市场化的关键又是能否得到资本杠杆的支持，因而这个质控点非常重要。即使产品再好、项目再优秀，但若在市场推广中得不到市场及资本市场的认可，那也是枉然。只有最接地气地与市场行为和资本行为相结合，才能产生高质量的创客项目。

三、高校创客空间的运营

在国家号召与推动的“大众创业、万众创新”的全民创业运动背景下，高校纷纷依托各自资源在校园内建立创客空间。高校创客空间的数量众多，甚至可与社会上的各类创客空间、创客实验室相媲美。

创客空间是各个不同的创客群体之间进行交流融合，有着高效且集约功能的场所。创客空间、孵化器和联合办公室“三位一体”形成了当下创新创业生态体系的基础设施。创客空间的作用是帮助和支持具有潜力的创客或者创客群体成功地创造出具有社会价值的创业项目。

高校创客空间提供物理空间、基础办公设备，以及税务、法务、人力资源、天使投资、项目路演等相关创业服务。高校创客空间的最大特点在于背后依托于高校的青年才俊和教育科研资源。学生创客利用高校创客空间提供的办公场所、宣传渠道、教授辅导等服务，将一种想法变成一个产品、一项服务、一个品牌，甚至一个平台，用这种价值来服务于高校、城市甚至社会中的某一类需求用户。高校创客项目借助高校创客空间这一平台，通过资本的杠杆和天使投资的力量进行有效的孵化，直到能够在商业层面有所倚仗、在市场层面有所作为。

（一）高校创客空间的建立

高校创客空间可以分为线下形态和线上形态。高校创客空间一般以线下形态存在，多建于校园的教学楼、实验室或活动中心等物理场所。线上形态多以校内创客社群、创业网站和直播平台等媒体平台形态存在。

高校创客空间旨在为学校创客提供活泼舒适却不乏严谨理论支撑的创业氛围，因此，除了提供咖啡吧、会议场所和休闲聚会场所这类基础场所，实验室中也应该配备相关制造类设备（如3D打印机）、检测设备和沟通类设备等。

组成创客空间的人群主要包括创客空间管理者、创客和创客导师三大类。创客空间管理者由学校创业部门相关的管理人员或聘请的社会上有经验的管理者担任；创客主要指有着高校背景的教师、学生等群体，同时要吸引校外优秀的创客入驻；创客导师既有本校资深的教授，也有往届毕业的杰出校友，同时要聘请大型公司高管、创业公司首席执行官（CEO）、政府领导、天使投资人等社会人士担任创客导师。此外，还需要有足够的资金预算支持，以实现新时代的创客空间运作。

（二）高校产品类创客的培育运营

对高校产品类创客，应该进行专业化的运作和强强外联式的运营。具体来说，应该遵循优势集约的方式，采取以下运营方法和路径。

第一，强化自主优势。重点对受教育者进行创客精神、创业能力、创业方法的强化培训，进而培育出具备自主创新精神、自主创新方法和自主创新成果的优秀创客、创客群体、创客组织。

第二，将“走出去”与“请进来”相结合，使其在某一品类或方向上的优势被充分发挥出来，让更多的专业创客及创客组织给学校中那些有创客潜力和创造能力的人员分享创客精神、方法方案和创造成果。

第三，将创业项目与资本有效结合，利用资本的力量发挥出项目的最大价值。

第四，推广创客文化，让创客文化深入人心。

（三）高校创客空间的管理

在高校创客空间成长过程中，管理是重中之重。高校创客空间管理的主要工作是对接校内及社会资源。一是要有专业的团队、先进的商业模式及法律的援助，并将创客的想法、产品、服务、品牌与平台相结合，进行高效运营；二是对接媒体资源，为创业项目提供市场营销与媒体宣传；三是邀请各行业领域的杰出代表担任创业导师，为高校创客进行创业辅导；四是主办或对接项目路演和创业大赛，将高校的优秀项目向社会展示，以获得更多的机会。

第三节　创新创业多元孵化实践方式

随着“大众创业、万众创新”时代的到来，依托“互联网+”，高校应积极发展众创、众包、众扶、众筹等新模式、新业态，加强创新创业与市场需求、社会资本等的对接，建立多方参与的高效协同机制，丰富创新创业组织形态，为社会大众广泛平等参与创新创业提供更广阔的空间和多元化的途径。针对大学生创新创业多元化孵化开展的研究，有利于帮助并扶持大学生进行自主创业，进而缓解就业压力，促进国家经济持续发展与繁荣。

创业孵化器需要整合政府、高校、企业及个人等多方面的力量，为创业者提供办公场地、技术培训、政策扶持、资金申请等各种资源及服务，促进优秀的创新创业项目、先进的科研成果等的转化，提高创新创业的成功率。

一、探索高校创新创业人才培养新模式

（一）鼓励学科交叉

鼓励学科交叉，建立全校范围内的导师与学生的科研互动机制。高校在教育教学和人才培养方面要坚持改革创新，形成符合本校发展的科研创新双促模式，建立创新创业学院，打破学院、学科之间的壁垒，将学校拔尖学科、优秀科研骨干和好的项目有机结合，并通过创新创业学院最大限度地优化资源配置。

（二）以项目为导向

以项目为导向，聘任青年导师，完善“本研衔接”机制。一项优秀的科研成果必然要经历长时期的培育和孵化，有时候甚至会历时3～5年，因此，一支稳定的科研队伍和齐心协力的团队是关键。一些好的项目在指导教师的带领下，从本科生到研究生，完成了接力棒式的探索和研究，打下扎实的科研基础。由此可见，只有将梯队人才建设和团队打造好，才会取得优秀的成绩。

（三）整合有效资源

整合有效资源，尤其是校外企业与社会实践基地的资源，将项目做活做强。对学生创新创业能力的培养，不能停留在课堂上，而是需要大胆地走出校园，发挥高校的人力资源优势，吸引民间资本和企业加入，从而进一步优化资源配置，将好的项目做大做强。

二、构建高校多元化孵化平台

大学生创新创业计划项目、各类创新创业竞赛选拔项目等是创业项目的来源。高校应加强对创业项目的评估，真正选拔出符合创新创业实践条件的项目进行孵化。对不同技术特点、团队类型的创新项目，采用不同的创业扶持方式。例如，对风险高、周期长、资金需求量大的项目，可以采用与企业合作的技术许可、技术转让、技术入股等多种孵化模式；对一些技术含量高、有发展潜力的孵化项目，孵化基地需加强后续支持服务；等等。

针对大学生创新创业的现状，各高校纷纷建立了大学生创新创业基地及高校科技园，有力地支持了创新创业项目的持续推进，对大学生创业项目的孵化

起到了助推作用。

三、高校创新创业人才孵化实践途径

培养高校创新创业人才是一项长期的系统工程，如果说“挑战杯”“创青春”等赛事是一个展示成果的舞台，那么高校的孵化培育就是这个舞台开始的地方。

（一）以课堂为阵地，满足学生个性化需求

传统的课堂教学依然是高校教学的基本组织形式，因此，需要在课堂教学的内容和方法方面融入创新创业的元素。目前，很多高校已经开始尝试开设创新创业课程，给相当一部分有志于创新创业的学生创造了有利的条件。然而，这种传统的教学模式难免落入统一教材的旧模式。对于学生而言，创新创业的需求是多方面的，因此，多途径开设相关的选修课程，满足学生个性化的需求，是未来的重点工作。

（二）以科研为抓手，夯实创新创业根基

在素质教育大背景下，高校要激活第二课堂，通过举办校园科技节、课外学术作品竞赛等，鼓励学生投入科研与创新，将课堂知识与实践内容相结合，不断拓宽思路，关注社会热点，解决社会需求。

（三）以工作室为突破口，采用多元化培养方式

大学生具有鲜明的个性和独立的人格，有创业需求的学生迫切需要针对性的指导和帮助。为有创业需求的学生提供工作室，邀请著名企业家为大学生创业指点迷津，分享创业典型案例，无疑可以帮助他们快速成长，获得更多的创业实践体验，促进他们找到适合自己的创业项目。

第四节　创新创业教育与专业教育融合的课程体系实践

课程体系再设计和改造是实现创新创业教育与专业教育深度融合的关键环节。将创新创业课程深度融合为一个新的整体，不仅仅是对几门创新创业课程的简单混合，还包括以下四个方面。

一、课程体系的所有理论课程中要融入创新创业理念

对于通识必修课，可以在专业导论和新生研讨课程中加强对学生创新思维、创新意识、工程意识、科学方法等方面的训练；在形势与政策教育、思想品德修养、成才导论、就业导论与职业规划等教学中，应增加创新创业知识模块，注重学生意识和精神方面的养成教育；在专业基础课与核心主干课程中，应强化对学生创新能力培养的要求，突出对学生创新研究的帮助。

二、课程体系中要专门构建与增加创新创业理论课程

在通识选修课方面，要积极组织并开设创新创业基本理论和基本方法类课程，鼓励学生跨学科跨专业学习，进一步丰富知识结构，提高创新创业基本素质；在专题选修课方面，针对各类竞赛（如数学建模系列竞赛、电子创新设计竞赛，以及科技成果转化设计、创业能力培训专题等），开设相关的选修课程，鼓励学生在某些领域形成创新创业的优势。

三、实践课程要整合专业教育的实践教学与创业教育的实战训练

在大学生自主研学项目中，高校要按照创新创业项目要求，在各学科专业系列专题创新设计竞赛中体现创新创业，还要建立与完善创业系列专题竞赛和实训项目，举办高校创业计划专项竞赛。各类学科竞赛前的理论课程学习，能对学生学习成效、创新能力进行实践检验。在实践实训中，还要专门设立科技作品制作、创意策划设计、成果转化设计与企业创办孵化实战训练项目。

四、专门设计创业辅修课程

可面向全体学生增设创新创业教育辅修专业，积极鼓励学有余力的学生辅修第二专业。通过创新创业辅修课程的学习，向学生传授和展示不同的创新创业观点、技能、方法和经验，为学生未来成为创业者奠定基础。

创新创业教育与专业教育相融合，是我国高等教育人才培养模式的发展趋势与方向。高校要从充分理解创新创业教育的内涵出发，在创新创业教育中融入新的人才培养理念，并落实到专业教学中，不断完善人才培养方案。

构建课程体系是一项系统工程，要真正形成深度融合的课程生态系统，还需要多方面的配套措施。一是完整的课程体系需要有完善的课程评价机制。在新的课程体系实施后，需配套提出相应的客观科学的评价标准，形成完整的创

新创业教育课程评价体系，进而对课程进行诊断与修正，并对其成效进行判断。二是要进一步提高专业教师对创新创业的认同度和参与度。我国高校中创新创业专业师资队伍的缺失和相关专业课教师对创业教育的认同度低，也是创新创业课程实施面临的挑战。因此，高校要通过各种途径宣传，增进专业教师对创新创业教育的认知，提供相应的政策支持，以鼓励教师投入创新创业教学。三是要建立相应的保障机制，完善服务体系，加大创新创业课程、教学、实践等的经费投入，积极搭建多元化的教育平台，邀请创业精英及创业导师开设讲座，营造创新创业的良好文化生态。

第六章

思想政治教育与创新创业

第一节 思想政治教育概述

一、研究思想政治教育的方法

既然思想政治教育对大学生的发展十分重要，那么就需要我们去研究最有效的方法，从多个方面帮助大学生学习思想政治教育。

（一）思想政治教育的前提思维

1. 人格是人们社会化的结果

人格一般被理解为由人的心理、气质、生活习惯等表现出来的一种个性心理特质。人格与人的先天禀赋密切相关，但更与后天的生活环境、习性养成和教育密切相关，也与特定的民族文化相关。因此，人格实际上是共性的人类文化和个性的心理特质的统一，人格的养成不仅是个人成长的标志，也是民族性格的标志。

2. 人格教育和养成的内容

（1）日常习惯的养成。良好的日常习惯是养成良好道德的基础。它包括行、坐、卧的日常行为举止和言谈的把握程度。

（2）生活方式的养成。健康的生活方式的养成是形成健康价值观和人生观的开端。它包括对待衣食住行的态度和整洁化等要求。在这一方面，应当教育大学生养成朴素、节俭、惜物、恬淡和卫生的生活方式。

（二）良好的心理倾向

一般来讲，外向的心理倾向易于接受新事物，但也存在思想观念易于波动变化的问题；内向的心理倾向易于稳定和求同，但也存在僵化和不易灵活变通的缺点。良好的心理倾向教育应当是在二者之间寻求一种“中和”状态。同时，在心理倾向上，要注意培养人的独立气质和自主能力，并把这种气质能力与遵从社会规范、服从公共权威的“顺从”意识结合起来，而不能一味地认为独立就是好的、顺从就是错的。另外，要牢记“生于忧患”的教训，对大学生进行适当的抗挫折训练，培养其吃苦的精神、面对困难的勇气和战胜挫折的毅力。

（三）人际习惯的养成

人际习惯不是指一般意义上的人际关系，而是指作为人格的一种表现，是人在人际关系方面养成的自然趋向，也就是不加人为力量而表露出的一种内在人际自然力。人际习惯一般可分为和谐习性和对抗习性两种。这两种习性对于养成人的道德行为和思想意识关系极大。

一般情况下，应当以教育和养成人的和谐习性为人格培养的目标，消除对抗习性，即使在成人人格养成中，对抗只能作为一种权宜性人际关系或工作手段，而不应当成为一种人格习性。要做到这一点，就要注意克服现代思想观念中不正确的“自我意识”和“自我价值”观，继承和培养传统的“无我”“忘我”的精神境界，消除自我中心主义，努力达到做一个纯粹的人、高尚的人、奉献的人的境界。

（四）思想道德建设

要真正重视社会的思想道德建设，就必须切实重视公民的人格培养。家庭、学校和社会都应当关注这一点。但是，以往我们的思想政治工作往往把力气花在正面的、显性的教育上，花在外部灌输上，而很少从人格和人的心理的角度来深化思想政治工作，使思想政治工作失去日常化和潜移默化的效应。因此，必须在人格培养和思想道德教育的方法上有一个根本的转变，发挥思想政治教育的应有优势和效益。这里仅从人格培养的角度提出五点应当注意的方法。

1. 必须把外部灌输和开发人的自觉性结合起来进行人格教育

从社会学的角度来看，外部灌输就是社会教化的过程，人的自觉性过程是个体内化的过程。只有外部灌输，而不注重社会个体内化了多少人格要素和思想观念，人格培养就是一句空话。我国传统教育十分重视从小培养人的自觉性，并主张通过“修养”建立自觉意识，这是值得我们借鉴的有效方法。

2. 必须采取日常化教育方式

日常化教育方式使人格教育的内容和人的日常生活密切结合起来，进而形成习惯。我国文化中对儿童进行“洒扫、应对、进退”方面的教育，就是以劳动、言谈和礼仪的方式培养其人格自觉性。

3. 必须采取诱导式教育方法

诱导式教育方法可以避免强制式教育产生的逆反效果。人格的形成应当是自然的，道德的养成也是如此。教育者应当以诱导为主，逐渐引导受教育者建立良性的人格。

4. 必须采取启发式教育方法

使受教育者在自我思索的状态下建立良性的人格。人格教育和思想教育与文化教育一样，教育者应当想办法激发受教育者的探索热情和思考习惯，并在受教育者思考人生和社会问题达到“愤”和“悱”的临界状态下，适时“启”之“发”之，使受教育者如“醍醐灌顶”，从此将思索出的人生道理铭记于心。

5. 必须运用无形教育的方式

把教育者的日常言行作为受教育者的样板和标准树立起来，使受教育者不知不觉地受到良好人格和思想品德的影响和感染，进而树立与教育者一致的人格和思想品德。常言说“有其父必有其子”，正是说明为父母者的自然“身教”的巨大影响力。在学校教育中，学生往往以教师作为人生的标准，教师的一言一行都在默默地影响着学生。

可见，无形教育有赖于教育者高度的素质修养。这也说明人格教育是社会化的，思想政治教育是社会化的，全社会良好的思想道德风尚的形成，要靠每一个人在人格和思想道德素质方面的提高，以及彼此的相互影响。

二、思想政治教育的优势

思想政治教育的优势是通过向社会传播和弘扬社会主义核心价值观达到凝聚社会共识的目的。高校发挥思想政治教育优势的特殊性在于通过育人功能的发挥来影响社会和服务社会。可见，加强和提高大学生思想政治素质关乎社会主义事业的兴衰成败，关乎中华民族伟大复兴的中国梦的实现。发挥高校思想政治教育优势，恰恰可以为这一伟大事业保驾护航。

充分发挥思想政治教育的优势，是解决当前大学生思想意识领域存在问题的有效手段，是培养社会主义事业可靠接班人的重要保障。思想政治教育是对人的世界观、人生观、价值观的影响和塑造的教育实践活动，它在中国革命、社会主义建设和改革实践中起到了统一思想、拨乱反正的精神推动作用。中国共产党正是依靠思想政治教育积极推动马克思主义中国化、大众化，应对国际、国内挑战，实现了国家独立、人民解放；依靠思想政治教育解放思想、统一思想，通过改革开放，开辟了中国特色社会主义道路，形成了中国特色社会主义理论体系。

（一）思想政治教育的理论宣传优势

思想政治教育宣传的理论内容随着社会发展和时代变革不断创新发展，体现着马克思主义中国化、大众化的最新理论成果。高校在思想政治教育理论宣传和理论创新方面具备得天独厚的优势，它不仅是马克思主义理论和中国特色社会主义理论的主要宣传阵地，也是理论创新阵地。

高校应充分利用理论研究优势，结合中国社会历史性变革和社会发展实际，利用人才培养优势，不仅要向大学生讲解和宣传马克思主义理论，而且要培养出一批具备良好理论素养的思想政治教育工作者。

思想政治教育理论宣传和创新的目的不单是向社会传递一种正能量，还要对社会现实和理论热点、难点予以回应和解读，从而引导大学生建立正确的价值取向。

（二）思想政治教育的实践优势

思想政治教育的优势还表现为实践优势。思想政治教育是协调、改造人与人之间关系的社会实践活动。思想政治教育的根本在于通过教育实践活动改造人的社会关系。思想政治教育的实践优势的发挥，有利于大学生学会如何与人相处，建立和谐的人际关系。思想政治教育的实践优势还体现在实践渠道的多样性和灵活性上。思想政治教育除了课堂主渠道教育，还可以通过校园文化建设、利用新型传播媒介等隐性思想政治教育渠道开展。思想政治教育实践是显性教育与隐性教育、正式教育和非正式教育相互融合、渗透的教育实践。

第二节　思想政治教育与创新创业的结合

一、多方融合思想与实践的途径

（一）高校思想政治教育与创新创业教育互动融合的内容创新

1. 思想政治教育要着力激发大学生的创业意识

思想政治教育必须适应时代要求，着力激发大学生创新创业所必备的意识：主体意识、责任意识和感恩意识。

创新创业是自觉的实践活动，需要大学生认识到在创业活动中自己的主体地位和肩负的社会责任，独立自主地解决遇到的各种问题。这就要求大学生逐步树立主体意识，改掉“等、靠、要”等毛病。创业不是一帆风顺的，只有始终坚持理想目标，发挥主观能动性，积极整合资源、化解难题，才能取得成功。因此，思想政治教育要树立以学生为中心的教学理念，不断激发学生在学习、生活中的主体意识，为培养创新型人才创造主观条件。

创新创业教育是高等教育与社会发展相结合的重要纽带，大学生创业不仅与个人前途息息相关，而且与国家民族的命运紧紧联系在一起。高校思想政治理论课要传授大学生关心社会、心系祖国、传承文化的理念，教授大学生如何与社会沟通、如何获取社会资源、如何建立和谐的人际关系、创业成功后如何回报社会等知识，逐步培养大学生对社会的责任感和使命感。

培养感恩意识是让大学生学会感恩教师、感恩学校、感恩父母、感恩社会。其实就是让大学生学会尊重他人，对他人的帮助怀有感激回报之心，并通过言行予以表达。只有这样，才能与他人发展友谊，建立和谐的人际关系，创业道路也才会更加坚实。

2. 思想政治教育要着力培育大学生的精神和创业品质

（1）培育大学生的艰苦奋斗精神。

艰苦奋斗精神是中华民族的宝贵精神财富，是中华民族的传家宝。对大学生进行艰苦奋斗精神的培育，是思想政治教育的重要内容和工作目标。创业是一条艰难的道路，离不开吃苦耐劳的拼搏，离不开艰苦卓绝的努力，创业之初尤其如此。只有具备了艰苦奋斗精神，才能做到不抛弃、不放弃，突破困境，取得成功。

（2）培育大学生的开拓创新精神。

开拓就是走前人未走过的道路，创新就是对现实的超越，创业需要创业者有推陈出新的魄力和勇气，勇于开拓创新。思想政治教育需要与时俱进，更新教育内容和手段，为大学生今后的创业提供源源不断的精神动力。

（3）培育大学生的实事求是精神。

创新精神本身就要求实事求是，创业者不仅要有理想目标，而且要有具体的实施方案，脚踏实地地予以执行，并根据实际情况变化提出新的方案，扎扎实实地付出艰苦的努力。为此，思想政治教育要着力引导大学生掌握科学的世界观和方法论，把握马克思主义活的灵魂——实事求是，以实事求是的态度迎接今后的工作和生活。

（4）培养大学生的创业品质。

① 思想政治教育能够帮助大学生养成坚强的意志品质。创业需要创业者全力以赴，面对各种挑战和困难，克服一道道难关，这些都离不开坚定创业理想和信念的精神支撑。思想政治理论课要传授学生创业进程是前进性与曲折性统一的辩证观点，提高大学生在挫折面前的抗压能力，以健康良好的心态从事创业活动。

② 思想政治教育能够帮助大学生塑造良好的道德修养。创业要和不同的对象打交道，需要处理好方方面面的关系，和谐的人际关系必不可少，这必须依靠良好的道德修养来维持。思想政治教育既对大学生进行道德教育，为其提供道德评判标准，又将创业道德规范赋予创业者自身，成为其自我约束、自我教育的内在要求。

（二）将创新创业教育融入思想政治教育

将创新创业教育引入思想政治教育，是新时期思想政治教育的客观要求。随着时代的发展，我国提出建设创新型国家的目标。传统的思想政治教育缺乏对大学生就业难等新现象的应对手段，缺乏对大学生创业意识、创业品质的培养。而从某种意义上讲，创业教育的目标就是通过教育、培养和锻炼使大学生获得创业所需要的知识结构、基础能力和综合素质。将创新创业教育融入思想政治教育可以从以下四个方面入手。

1. 树立创业意识，营造创业文化，进行创业世界观教育

高校要培养现代社会的创业人才，首先要在校园营造一个浓郁的创业文化氛围。在这种文化氛围中，学生会懂得现实就业情况并不是想象中那么乐观，仅有文凭是不够的，拥有大学文凭，仍会面临失业的危机。这就要求高校建立全面的素质教育观念，改变“专业教师只管知识传授、思想政治教育工作者只管思想”的现象，把创业教育思想同思想政治教育结合起来，服务人的全面发展，使大学生产生创业实践的欲望，树立创业意识，形成正确的创业世界观。

2. 培养学生独立自主的人格品质

一个人是否具有创业意识、创业行为和创业成就，很大程度上取决于他是否有独立自主的人格品质。一个事事、处处依赖他人的人，在面对创业所承受的巨大风险和压力时，是很难坚持下去取得成功的。而创业教育的关键就在于培养大学生不断了解新情况、研究新问题、探索新思路、创造新业绩的能力，促使他们以独立自主的人格品质追求自身价值的实现。

3. 培养创业的品质

创业品质即创业的情感、意志和精神调节系统，它包括以下三个方面的特殊品质。

（1）善于驾驭创业风险。

创业之路不可能一帆风顺，会遇到各种风险和许多不稳定因素。大学生在遇到挫折和失败时，必须具备“从哪里跌倒从哪里再爬起来”的态度和精神。

（2）勇于承担责任，有毅力。

创业是一项开拓性很强的实践活动，需要创业者能够克服常人难以想象的困难和障碍，那种思想保守、畏首畏尾的人很难创业成功。

（3）充满激情，保持理性。

激情是凝聚和提升人气的途径，其基本要求是要有足够的信心。与此同时，创业总是充满着未知和变数，因此必须始终保持清醒和理性。

4. 充分发挥课堂教学与校园文化的作用

（1）创新课堂教学，充分发挥课堂教学的主渠道作用。

要将创新精神的培养融入专业课教育。任何一门学科或者课程的知识传授，都是一个从简单到复杂、从具体到抽象的渐进发展过程，这本身就是一种不断探索和创新的过程。因此，每门课程都是创新创业教育的载体和源泉，要主动开发专业课教育中的创新创业教育资源，从而潜移默化地对大学生的创新精神和创造意识进行启发、引导和激励。

高校应以开展通识课的形式开发一系列创新创业培养专题课程。除了在思想政治课程、专业课教育中进行渗透式的创新精神培养，还需要专门开设旨在提升创新精神、传授创新创业知识和技能的创新创业专业课程，以强化培养、突出实效。教育内容可以包括创新创业精神（如艰苦奋斗、开拓创新、实事求是等）、创新创业人格（如职业操守、创业品质、双赢意识等）和创新创业方法（如TRIZ理论、专利战略、创业计划等）等。

（2）创新校园文化建设，充分发挥校园文化作用。

校园文化活动主要包括社团组织、讲座报告和文体活动等。基于创新创业教育活动的创新特征和时代特色，还应该着重挖掘校史校情、创业典型的教育内涵。

充分挖掘高校历史文化中的创新创业核心内容。每一所高校的发展史都是一部生动的艰苦创业史，因此，可以邀请高校的老领导介绍学校的创业经历和体会，有条件的高校还可以创立校史陈列室，让大学生认识到学校创业发展的艰难不易，从而更加珍惜学习生活，努力学习，立志成才。

多邀请学校的创业典型作报告。创业典型也曾是学校的学生，他们的奋斗创业史是鲜活的创业实例，能受到大学生信赖并最易学习和模仿。通过他们的报告，可鼓励大学生树立创业志向、弘扬创业精神。

组织学生到创业教育基地参观学习，实地了解创业环境，感受创业气氛，另外，高校要不断丰富校园创新创业活动内涵，在不同时期开展校园创业主题，加大宣传力度。通过较大规模的校园创新创业文化活动，在前期规划、组织实施、表彰总结等环节加强工作力度，打造创新创业品牌活动，营造良好的创新创业校园文化，并最终形成创新创业文化传统。

加强校园现代信息技术平台建设，充分发挥网络平台的作用。当前，网络已渗透进大学生的日常学习和生活，微博、微信、短视频等成为影响大学生成长发展的重要因素。现代信息技术平台越来越成为新时期加强和改进大学生思想政治和创新创业教育的重要途径。开展思想政治教育和创新创业教育，也需要紧紧依托现代信息技术平台，通过各类校园网络平台，以大学生易于接受、灵活互动的方式，广泛宣传创新创业精神，积极引导其投身于创新创业活动。

（三）社会实践是思想政治教育产生和发展的动力和有效途径

思想政治教育是社会实践发展的保证和重要内容，在社会的前进和发展中发挥着重要作用，二者相互联系并互为补充。在社会主义建设实践过程中，国际局势风云变幻，国内改革不断深化，各种新情况和新问题层出不穷，使我国思想政治教育面临着前所未有的巨大挑战。正确处理思想政治教育和社会实践的关系，用发展的眼光看待问题，用科学的规划提高社会实践的有效性，是每个思想政治教育工作者所面临的重大课题。

1. 注重在社会实践中加强思想政治教育工作

思想政治教育的开展，既可以通过理论灌输的形式，也可以通过社会实践的形式。理论灌输内容相对枯燥，容易脱离实际，并且不能较好地激发大学生的主动性和积极性。社会实践形式虽然不能够使大学生系统地接受思想政治教育的理论知识，但能够使其变被动为主动，充分发挥积极性和主动性。通过借助多样化的社会实践形式，可以使思想政治教育变得更为生动直观，加深大学生对社会的思想道德认识，提高其政治素质和道德素质。从这种意义上说，社会实践是思想政治教育的有效途径。但这并不是说只要参加社会实践就能够使大学生的思想政治素质得到提高，要想通过社会实践活动达到思想政治教育的目的，还必须对社会实践进行理论指导，使社会实践和思想政治教育有机地结合起来。因此，高校应该高度重视对社会实践进行理论指导，并在社会实践中加强思想政治教育工作，以解决思想政治教育存在的理论脱离实际，形式单一，缺乏吸引力、说服力和感染力，以及实效性不强等一系列问题，从而有效实现思想政治教育的目标。

2. 注重用实践检验思想政治教育工作的效果

实践是检验真理的唯一标准。首先，思想政治教育理论的正确与否只能通过社会实践并在社会实践活动中进行检验。如果实践证明某种思想政治教育理论与社会的实际发展需要及客观实际相符合，与社会的发展方向相一致，那么它就是正确的。其次，思想政治教育工作的效果需要实践来检验。思想政治教育的对象是人，其效果的好坏需要通过大学生的素质是否得到提高，以及提高的程度来体现。大学生在接受思想政治教育后，素质提高程度越高，思想政治教育的效果就越明显。总之，在思想政治教育活动中，高校应该注重社会实践的检验作用，通过大学生接受思想政治教育后在社会实践中的表现，判断思想政治教育工作的效果，总结思想政治教育工作的经验教训，不断调整思想政治教育的内容、形式和方法，以实现思想政治教育的预期目标。

3. 积极为大学生提供社会实践的条件和机会

大学生是祖国的希望和未来，是国家未来社会主义事业的建设者和接班人，是民族振兴的重要力量。青年时期是人的世界观、人生观和价值观形成的关键时期，是人的社会化任务完成的关键阶段。积极为大学生提供参与社会实践的条件和机会，首先要给予政策支持。国家要制定有关大学生参加社会实践活动的专门政策，从政策上积极支持和引导大学生通过社会实践活动提高自身的思想道德修养、思想政治素质及政治觉悟。其次，要进行物质投入。参加社会实践需要凭借一定的实践工具和实践手段，需要有相应的实践基地，还需要有相应的经费来保证。最后，要加强对大学生参加社会实践的鼓励和引导，给大学生提供参与社会实践活动的机会，使他们通过参与社会实践活动提高自身的思想政治素质。

4. 不断加强和改进思想政治教育的途径

人类的思想政治教育实践活动，是在社会实践的基础上产生并随着社会实践的发展而不断发展的。社会实践作为思想政治教育的有效途径，其内容是丰富的、形式是多样的，不同内容的社会实践活动及不同形式的社会实践活动会使人对客观世界产生不同的认识，以及改造客观世界的不同经验。在社会实践活动中不断总结新经验和新做法，不断探索思想政治教育的新途径，是思想政治教育不断发展的需要，也是实现思想政治教育目标的需要，更是思想政治教育主体所承担的任务。

二、打造适合大学生的实践平台

（一）加大对大学生社会实践活动的宣传力度、管理力度和研究力度

在开展社会实践活动时，要努力拓展大学生社会实践活动宣传的深度和广度。在宣传方式上，要充分利用网络信息，建立梯度型网络平台，通过该平台逐级宣传高校的活动，并加强各院系内部的宣传力度，如建立校级和各院系的大学生社会实践活动论坛，同时可以利用校报、广播站、橱窗、分发传单、张贴海报等传统宣传方式，使活动信息传遍校园每个角落，最终形成立体化的宣传形式。在宣传内容上，要紧抓大学生的心理，在大学生社会实践活动取得成效的基础上，加大社会舆论的导向性宣传，帮助大学生树立良好的社会形象，使更多的大学生从中受到教育；要建立健全大学生社会实践活动的组织机构和管理制度，建立大学生社会实践活动的长效机制，建立科学的组织、考核、奖励等制度，保证活动规范有序地开展；要在组织开展好活动的基础上，加大对大学生社会实践活动的调查研究力度，研究新形势下社会实践活动的新内容、新载体，保证社会实践活动常盛不衰、推陈出新。

（二）围绕社会热点、难点问题，增强社会实践活动的针对性

大学生社会实践活动要取得实效、要得到社会的认同、要产生较大的社会影响，就必须针对社会上突出存在的热点、难点问题开展工作。只有具有时代性、针对性的社会实践活动，才能广受社会各界的欢迎。

（三）围绕素质教育，提高创新能力

随着社会主义市场经济的发展，大学生已经从统一分配转化为单位与个人双向选择。大学生的危机意识、成才意识也越来越强烈，他们早已从过去“上山”“下海”的争论中冷静下来，潜心学习，目前在高校中出现了“学习热”“考研热”“考证热”。因此，实践技能等综合素质的提高也成为大学生的自我追求。各所高校举办的“科技创新节”等一系列的科技创新活动，极大地增强了大学生的科技意识、技能意识。高校共青团组织在组织开展社会实践活动的同时，应注重对大学生艺术、社交、个性、科技、特殊技能等方面的培养，以全面提高他们的综合素质和创新能力。只有这样，才能调动起大学生参加社会实践活动的积极性，才能将社会实践活动持久深入地开展下去。

（四）搭建社会实践平台，健全活动保障体系

高校要建立健全大学生社会实践活动保障体系、服务体系。随着越来越多的大学生自觉投身社会实践活动，越来越需要有更多的保障体系和服务体系来保护大学生的正当权益，解除他们的后顾之忧。例如，自觉地为参与外出实践活动的学生购买各种保险，保障其在参加各种社会实践活动时的人身安全。高校还可以通过政府、企业等渠道为参加社会实践的大学生做好沟通和解释工作，避免因社会不良风气而产生的劳务纠纷等，为大学生提供法律援助，做他们的坚强后盾。

（五）加强社会实践基地建设，保持社会实践活动的稳定性

大学生社会实践基地建设是大学生社会实践活动深化的保证。事实证明，大学生社会实践活动得到了全社会的普遍认同，收到了明显的社会效益。但是，要完善大学生社会实践活动的机制，就一定要加强基地建设，没有大学生社会实践基地，就谈不上大学生社会实践活动的稳定性；没有大学生社会实践活动的稳定性，就没有大学生社会实践活动的长期性。

（六）实行学分化管理，提高大学生参与活动的积极性

高校要将大学生社会实践活动纳入整个在校学习期间的学分考核体制中，实行学分化管理。现在有很多大学生担心在参加各种实践活动的同时占用自己的学习时间，影响学习。如果不解决好这个问题，就会从根本上影响大学生社会实践活动的群众基础，使社会实践活动成为一种命令式的任务，而非学生出于自身锻炼需要的一种自我需求。高校可以尝试将各种实践活动按照分类制定相应的学分，取得的这些学分一样可以作为专业学习所需要完成学分量的一部分，这样既消除了这些学生的顾虑，又增强了大学生社会实践活动的吸引力。

总之，大学生社会实践活动提高了大学生的综合素质，推动了社会主义文明建设，得到了人民群众的广泛认同和大学生的积极支持。但是，新形势对大学生社会实践活动的形式和内容都提出了新的要求，高校应该认真学习、深入调查研究，努力组织好大学生社会实践活动，充分发挥社会实践活动在大学生素质提高中的重要作用。

三、着重培养实践师资队伍

高校创新创业教育对教师的素质和能力提出了新要求，要求教师有较为合理的知识结构，熟练掌握本专业的技能技巧，掌握创业知识和创业技能，具备较强的专业实践操作能力及创新与开拓能力等。加强创业师资队伍建设，重点要抓好加快“双师型”教师队伍建设，同时拓宽教师来源渠道，发挥兼职教师的作用。

（一）师资队伍建设

1. 师资队伍建设现状

高校教育的一大任务是培养生产、建设、管理、服务第一线的高技术应用型人才。为此，高校应建设一支人员精干、素质优良、结构合理、专兼结合、特色鲜明、相对稳定的“双师型”师资队伍。长期以来，受传统的高等教育模式影响，高校师资队伍建设存在“重”提高理论水平、“轻”培养实践能力、“重”引进理论教师、“轻”调入实践教师，“重”发挥专任教师的作用、“轻”挖掘兼职教师的潜力，“重”扩大教师的数量、“轻”提高教师的层次等现象，师资队伍现状明显不适应高等教育的要求。创新创业教育是高校的必然选择，要搞好创新创业教育，必须建设一支高素质的教师队伍。

2. 创新创业教育中教师的作用

（1）教师是创新创业教育教学活动的发起者和组织者。教师只有根据创新创业教育的目标和任务，选择特定的方式与途径，发起和组织特定的创新创业教育教学活动，创新创业教育的内部运行才能启动和运行。

（2）教师是创新创业教育教学活动的传授者和指导者。教师只有凭借自己的知识和才能，给大学生传授特定的知识、经验，培养其有关技能和能力，并指导其解决各类学习生活中的问题，创新创业教育才能沿着既定目标顺利进行，完成预定的教育教学任务。

（3）教师是创新创业教育教学活动的控制者和管理者。教师凭借自己的教学经验和管理才能，有效地控制课堂、控制活动、控制教育对象、控制各类教育影响的作用方向和作用程度，最大限度地把握和提高教育教学活动的效益和质量。

（4）教师是创业教育教学活动的选择者和加工者。教师根据创新创业教育的目的和要求、特定的教学内容和课程方式、学生的实际水平和发展潜力，来选择、组合、安排各类教育活动，使之既符合教育教学的基本规律，又符合学生的身心发展规律。

（5）创新创业教育过程中，教师的主体性表现在可以根据创业教育的特定目标和要求，改变和塑造创业教育的对象，促进其身心发展出现预期的变化，即逐步形成创业基本素质和个性。

3. 创新创业教育对教师的基本要求

（1）较高的文化素质。

为了建设一支合格的创新创业教育教师队伍，高校专业课教师应具备研究生及以上学历；实习指导教师一般应具有大学本科及以上学历。较高的文化素质是提高教育质量的前提，也是帮助大学生形成和发展创业素质和创业能力的基础。

（2）精通本专业的基本理论。

高校教师必须精通本专业的理论知识，熟悉其历史、现状和未来发展的趋向。此外，必须掌握相近专业或多种专业知识，善于更新知识，这样才能适应创新创业教育的需求。

（3）积极开展创新创业教育教学研讨活动。

在我国，创新创业教育还处于一个发展初期，其理论建设与实践研究尚处于一个摸索阶段，还没有形成一套完整的理论体系。因此，大力加强对创新创业教育理论和实践的研究显得尤为重要。高校可以组织一批具有创业教学经验的、具有较强能力的教师，全力做好创新创业教育教学研讨工作，以此带动创新创业教育氛围的形成，培养造就大批从事创新创业教育的教师。

（4）改善教师的知识结构，提高其综合素质。

高校教师必须改善知识结构，提高综合素质，做好以下三个方面的工作。

① 不断探索，更新教育思想，积极吸收和借鉴世界上的先进教育思想和观念；勇于探索新的教学方法和教育思路。

② 不断学习，做到一专多能，既能进行理论教学，又能从事实践教学；既能承担专业课程的教学工作，又能承担相关学科的选修课教学工作。

③ 勇于探索，富有创新意识和创新精神。教师只有比学生更具有创新意识和创新精神，才能大力推进创新创业教育，营造创新创业教育氛围。

（二）高层次人才引进与培养的实践

1. 师资简介

师资是办学的第一要素，教师质量决定教育质量，教师水平决定教育水平。只有教师富有创新精神，才能培养出创新型人才；只有教师具有求真务实精神，才能教出求真务实的学生；只有教师不断丰富完善自己，才能造就全面发展的人。高校要为国家创新体系提供人才支持和知识贡献，为社会发展服务，很关键的一点就是要抓好高水平师资队伍建设。在高等教育大众化发展和培养创新人才的新形势下，高校师资队伍建设取得了显著的成效，但也存在许多困难和挑战，其中高水平人才紧缺、学术骨干教师数量严重不足，是制约高校高质量发展的最大因素。加强高层次人才的引进和培养，是当前高校师资队伍建设面临的一项重大而紧迫的任务。

2. 高层次人才引进是高校师资队伍建设得以快速发展的有效途径

（1）定期召开师资队伍建设和人才引进工作的专题会议，科学制订人才引进计划，适时地调整人才引进办法，大手笔推进人才强校工程。

（2）加强宣传，扩大影响，面向国内外，“走出去，请进来”。参加相关招聘会，并在有关报纸、杂志、人才招聘网站发布招聘信息，多渠道招聘人才。

（3）大幅度提高引进人才待遇，尽可能地为其提供较好的工作和生活条件。高校应根据人才层次和学科不同，提供相应的安家费和科研启动费，并投入专项经费建造教师公寓，解决新进教师的过渡住房。

（4）以高度的热情和超常规的措施，广纳人才，发挥人才优势。高校领导应关心人才、爱惜人才，以人才促进高校发展的良好局面。

四、构建向上的校园文化氛围

（一）校园文化与大学生创新创业关系辨析

环境对人的影响是潜移默化的。健康向上的校园文化氛围能够帮助大学生丰富知识内涵、完善人格修养、塑造精神气质、提高综合素质，对其成长成才会产生深远影响。创新是一个国家和民族进步的灵魂和关键，对国家和民族的发展起着至关重要的作用。高校人才培养目标之一就是培养复合型、创新型人才。开展创新创业教育，增强大学生的创业能力和创新意识，是高校实现立德树人的根本目标和提高人才培养质量的工作内容和重要手段。

大学生的自主创业意识不会凭空产生，必须具备一定的物质和文化基础。在不具备客观创业环境的情况下，营造有利于大学生创业的制度文化氛围，能够在潜移默化中促进大学生创业意识的萌发。创业的关键是创新，创新是创业的精髓和内核。当前党和政府提出“大众创业，万众创新”的号召，并先后出台一系列具体措施鼓励全社会创新创业，高校更应积极培育和营造有利于学生创业的环境和氛围，积极营造有利的校园文化氛围，助力助推大学生创业。从这个意义上讲，支持和鼓励以创新、创造、创意为主要内容和特征的大学生创业行为，是高校校园文化建设的应有之义和责无旁贷的义务。

（二）构建向上的校园文化氛围的方法

1. 政策制定注重顶层设计，部门协调合作形成合力

校园文化建设和大学生创业是相对独立又紧密相关的系统工程，单独依靠某个部门是难以完成的。高校应结合国家相关政策，从体制机制、积极帮扶、环境氛围等方面构建校园文化建设和创新创业教育综合领导的促进机制。为加强对大学生创新创业教育的领导和管理，高校应探索有效的管理和运行机制。有条件的高校可以针对大学生创新创业实施“一把手工程”，设立大学生创新创业办公室，专门负责大学生创新创业有关事宜。整合校内资源，将与大学生创新创业相关的部门（如教务处、学生处、宣传部、招生就业处、团委等）纳入这一机构，定期召开部门协调会和联席会，研讨并解决工作中遇到的困难和问题。在涉及学生管理和创业的部门之间形成良好的定期磋商和轮岗交流机制，使高校对大学生创业初期的资金、场地等资源配置更为科学合理。营造良好的环境氛围，完善大学生创新创业服务体系，着力于对大学生校内创业的扶持，建立完善的校内创业扶持制度。在涉及创业和创新问题上，要大胆提拔和使用具有创新精神的年轻干部，始终保持对新鲜事物的敏锐洞察力和果敢执行力。

2. 发挥校园文化宣传教育功能，引领大学生创新创业的舆论导向

课堂教学是创新创业教育的“主渠道”，创业实践是创新创业教育的“主阵地”，因此，高校要充分发挥课堂教学和创业实践的作用。高校应采取措施加强师资队伍建设，改革创新创业课程设置，科学论证和制订人才培养方案，充分发挥校园文化的宣传教育功能，促进大学生创业意识的产生。大学生在校园或者社会中不断积累的经验，需要经过专业教师的指导和示范，才能提升为创业经验。师资队伍建设是高校创新创业教育中的基础性环节，因此，教师的自身素质与业务素质是高校创新创业教育顺利开展的关键。高校应坚持“走出去，请进来”的政策，给教师更多的外出学习交流机会，学习借鉴其他高校的优秀经验和做法，并结合本校实际和自身阅历给大学生提供创业指导。

3. 发挥校园文化的导向激励功能，促进大学生转变创业观念

高校校园文化建设，应坚持以人为本、统筹协调、内涵发展和推陈出新的原则。在校园文化建设过程中，高校可侧重校内创业典范挖掘，让大学生了解身边的成功案例，增强创业自信心，更加真实地体会到创业并非遥不可及，感受创业过程给创业者带来的成长，这对培养大学生的创业意识具有重要意义。对于创业成功的典型案例，要大张旗鼓地进行宣传，在校内举办个人作品展、成果展等，营造支持创业和创业光荣的校园文化氛围。此外，可以邀请创业成功的毕业生返校与大学生进行“面对面”交流，介绍创业知识和创业经验，增强大学生的创业意识，带动其投身创业。高校还可以举办一些有关创业的事迹展，让大学生亲身体会和感受创业光荣的校园文化氛围，使其充分认识到自主创业是实现人生价值的一种选择。

4. 发挥校园文化的陶冶塑造功能，以活动创新带动大学生思维创新

高校既应注重优化校园环境，整合校内资源形成合力，充分发挥校园文化的陶冶塑造功能，也要着力营造有利于大学生创业的氛围。校园文化建设是高校工作的重要内容，要充分利用高校的政治、组织、宣传和干部优势，围绕创业精心设计并开展丰富多彩、形式多样的创业类活动，如主题征文、创业文化节等；充分利用校内宣传媒体，如校园网、校报、学报、广播站、校内宣传橱窗、电子显示屏等软硬件设施，全方面、多维度宣传创业和创业事迹，发挥校园文化陶冶塑造功能；应该重视深入开展年度大学生营销大赛、电子设计比赛、数学建模比赛、机电产品创新竞赛等能够激发大学生创新意识的竞赛，通过以赛促学、以赛促练、以赛促用和以赛促改，增强大学生创新创业意识。

5. 发挥校园文化辐射引领功能，构建有力的社会支持系统

政府和社会应多渠道、宽领域地大力宣传和支持创业，逐步打破一切有碍于创业的桎梏和藩篱，在全社会营造人人支持创业的良好氛围。高校要充分发挥校园文化的辐射引领功能，树立和营造“大宣传”的格局，经常联系校外报纸、电视和广播等媒体，共同为大学生创业加油鼓劲、呐喊助威。此外，家长作为学生的监护人，对大学生创业影响力巨大。高校要采取切实措施打消家长的疑虑和担忧，摒弃落后保守的观念，促使其积极支持大学生创业。对于创业成功的大学生，可以在校内进行充分宣传，给予其在学籍管理、学分制等方面的优惠政策，举办“创业年度风云人物”“创业之星”等评选展示活动；要加大与社会企业的联系与合作，建立“校企联合”培养学生创业机制，创建校外大学生创业实习基地，提供创新实践平台。政府应逐步完善社会保障制度，通过学校与企业、学校与社会的联合，解除大学生创业的后顾之忧，为大学生创业建立“孵化器”和“避风港”。设有大学生创业孵化基地的高校，应加大对大学生创业的扶持力度，在办公场地、启动资金、工作设备等方面给予大学生更大的优惠和扶持，坚持项目化运作，成熟一个、孵化一个、推广一个。

6. 积极利用新媒体，加强创业典型宣传和经验推广

当前新媒体技术快速发展，高校要充分利用好这一新兴媒体和平台，精心设计宣传形式和内容，将宣传寓于学生的日常生活和学习中，达到“润物无声”的效果，促进其观念转变。

五、构建校政行企“四位一体”模式

在高校开展创新创业教育，积极鼓励大学生自主创业，是教育系统深入学习实践科学发展观、服务创新型国家建设的重大战略举措，是经济社会发展对教育工作提出的迫切要求，是高等教育自身改革发展的客观需要。如何推进高校创新创业教育和大学生自主创业工作？将建立健全高校创新创业工作的领导体制、构建创新创业教育课程体系、完善创新创业教育教学制度，以及设立大学生创新创业基金等方面紧密结合，做到“四位一体”，是高校开展创新创业教育工作的有效模式。

（一）建立健全高校创新创业教育工作的领导体制

1. 成立高校创新创业教育领导机构

为了更好地开展创新创业教育工作，高校要成立由主要领导任组长的领导小组，并下设办公室，由办公室负责创新创业教育的日常工作。在领导小组的领导下，各部门通力协作，才能有效开展创新创业教育。

教务部门负责创新创业教育课程的开设和教学工作，制订实施创新创业教育的教学计划和教学大纲；人事部门负责创新创业教育专兼职教师的聘用和培训工作；就业部门和各院系负责为学生提供创业实习场地、政策咨询、指导服务等；财务部门负责落实创新创业教育及实践活动经费，为此项工作的整体推进提供保障；科研管理部门负责指导师生开展创新创业教育科研活动，加快科研成果向创业项目的转化；学生管理部门负责完善学生管理制度，鼓励学生积极进行创新创业活动；团委要主动协助有关部门开展创新创业教育实践活动，指导学生社团开展创新创业相关活动。

2. 成立大学生创新创业教育中心

创新创业教育中心是集创新创业教育课程教学、创新创业教育工作管理、创业基地建设、学生自主创业扶持工作和创新创业教育研究于一体的管理单位，下设创新创业教育教研室、孵化园管理室和创业咨询室。分管创新创业教育工作的校领导兼任创新创业教育中心主任，可与创新创业领导小组合署办公。

创新创业教育中心的主要职能如下。

（1）大学生创新创业课程教学。

大学生创新创业课程教学包括通识教育教学和专修教育教学两部分。通识教育是面向全体学生开设的创新创业课程，目的是指导学生树立创新创业意识、增强创业兴趣，使其具备基本的创新创业知识；专修教育是对于具备创业潜质、具有创业兴趣、拥有一定创业条件的学生进行创新创业的强化教育，目的是指导学生拥有一定的创新创业能力，积累创新创业经验，为创业奠定基础。同时，扶持部分学生进行创业活动。

（2）大学生创业基地建设。

大学生创业基地是开展创新创业教育、促进学生自主创业的实践平台。它的主要任务是整合各方面资源，开展创业指导和培训，接纳大学生实习实训，为学生提供创业项目孵化的软硬件支持。创业基地建设分为两个层面：一是校内创业孵化园建设；二是依托学校和社会有关部门的联动，建立社会创业基地。

（3）大学生自主创业扶持政策的制定和实施。

扶持大学生自主创业的政策主要包括：鼓励大学生创新创业的优惠措施，设立和管理大学生创新创业基金，学生创业项目的孵化指导，项目移植社会的支持，等等。

（4）大学生创新创业实践活动的指导。

通过举办创新创业大赛、讲座、论坛、模拟实践等方式，丰富学生的创新创业知识和体验，提升学生的创新精神和创业能力；指导组建校级大学生创新创业协会，利用学生社团开展创业测评、创业模拟、实习实训和创业准备等活动；创办大学生创新创业网站，为大学生创新创业活动提供信息服务。

（二）构建创新创业教育课程体系

高校要在建立适合大学生创新创业教育教学内容体系的基础上，基于教学目的，建立必修课、专修课、讲座课和实践课相结合的课程系统。

1. 必修课

各教学院系要结合专业教育情况，突出专业特色，开设“大学生创业指导”课程，并把课程纳入专业教育和文化素质教育的教学计划与学分体系，实现与专业课程体系的有机融合。专业实践教学要与学生的创新创业实践活动有效衔接。各院系的教学过程受大学生创新创业教育中心的指导和监督。

2. 专修课

专修课是由大学生创新创业教育中心开设的，对具备创业潜质、具有创业兴趣、拥有一定创业条件的学生进行的创业强化教育。该课程以专修班形式举办。大学生创新创业教育中心要制订专修班教育的教学大纲和教学计划，经教务处审批后实施讲座课。

3. 讲座课

大学生创新创业教育中心和各教学院系要建立专家库，选聘企业家、创业成功人士、创业成功校友和政府相关人员到校做创业讲座。大学生创新创业教育中心和各教学院系每学期至少开设一次创业教育讲座。讲座开设情况须报大学生创新创业教育中心备案。

4. 实践课

创新创业教育中心和学校各教学院系要根据教学要求，制订实践教学计划，要以全程化、阶段性、项目化为指导思想，以本科3～7学期、专科3～5学期为时间点，把实践教学内容具体化为各个阶段的实践项目，并制订每个实践项目的操作方案。

（三）完善创新创业教育教学制度

1. 组建专兼职相结合的教学团队

高校要组建以专职教师为基础、兼职教师为骨干的创新创业教育教学团队，做好以下六项工作。

（1）创新创业教育教研室设专职教师岗，并采用签约形式聘请兼职教师，组成创新创业教育核心教学团队。

（2）组建一支兼职教师队伍，由创新创业教育中心聘请专业课教师、企业家、创业成功人士、专家学者担任，建立稳定的工作关系。

（3）严格教师准入条件，制定完善的考核程序。创新创业教育教师除了具备较强的教学能力，还必须拥有在企业工作的经历或创业经验。

（4）加大教师培训力度。鼓励教师参加各种培训活动，安排教师参加学术交流、企业考察、调研和到企业挂职锻炼，鼓励教师参与社会行业的创新创业实践。

（5）积极开展教学研讨活动，通过教材编写、项目研究、集体备课、说课、观摩教学等形式，提高教师教学素质。

（6）注重图书资料搜集和信息化建设，为教师的教学和研究提供条件。

2. 组建指导团队

项目指导团队的主要任务是为学生的创业提供帮助和服务。其组建程序和工作职责如下：学生创业项目必须配备创业导师；导师由学生创业团队自愿自主聘请，双向选择，导师解聘由双方共同商定；导师为学生的创业过程提供技术帮助和咨询服务；创新创业教育中心将各指导教师组成指导团队，定期召开研讨会，以便了解项目进程、交流经验、分析存在的问题和解决措施。

（四）设立大学生创新创业基金

设立大学生创新创业基金，为大学生创新创业活动提供资金支持，帮助学生实现创业的愿望。

（1）基金来源。

采用以社会资助为主、学校投资为辅的方式，设立大学生创新创业专项基金。其主要来源有：① 学校以每个在校生20元的标准建立创新创业启动资金；② 社会赞助；③ 学校与地方政府、高新区、工业园区、企业和校友联动，联合投资进行项目开发。

（2）基金使用范围。

① 学生创新、发明创造资助；② 学生创业团队的项目孵化支持；③ 孵化园新创企业的经营资金扶持；④ 学生创业团队的培训。

（3）基金使用程序。

① 使用方需向创新创业教育中心提交申请报告，内容包括：申请基金金额、使用理由、使用方向、使用时间、担保人签字（创新发明资金申请由院系主任签字，项目孵化和新创企业经营资金申请由创业导师担保）；② 创新创业项目管理团队对使用方提交的申请进行论证和审批，同意后由创新创业教育中心办理拨付；③ 费用发生后，创业导师在报销凭证上签字，由创新创业教育中心审批后交财务报销。

（4）使用过程督查。

创新创业教育中心定期召开基金使用检讨会，由使用方说明基金使用情况，及时发现和纠正基金使用过程中出现的问题。此外，创新创业教育中心要不定期地进行跟踪督查，保障基金使用有序。

（5）效果评估。

基金使用年度结束后，使用方要向创新创业教育中心提交基金使用年度总结，对基金使用情况进行概述和分析，总结经验与不足，提出完善措施；创新创业教育中心对全校基金使用情况进行分析，撰写基金使用情况的总结报告，向校创新创业教育领导小组汇报，批准后归档。

总之，高校创新创业教育工作是一项系统工程，要使高校的创新创业教育工作卓有成效地开展，实现新的人才培养目标，在实施上必须将上述四个方面有机结合，做到“四位一体”，形成合力。

六、校政行企“四位一体”多元协同促进

（一）培养大学生创新创业能力是高校教育的重要内容

提高大学生的创新、创业能力已成为高校教育的重要任务和内容。通过校政行企“四位一体”多元协同的模式，可以整合各方资源，为学生创业搭建平台，有利于帮助高校学生拓展创业思维，了解行业最新发展动态并接触企业真实项目，在实践过程中提升学生的创业实战能力和水平。

（二）在国家政策激励背景下满足大学生创业的意愿和需求

我国出台的一些政策文件显示，大学生创业可享受政府提供的小额担保贷款和贴息支持、免收有关行政事业性收费、享受税收减免等优惠。此外，政府还提供创业奖励和创业补贴。众多大学生创业者的成功案例激励了大学生为追逐梦想而不畏艰辛，毅然选择创业发展的道路。

（三）针对大学生创业的短板提供相应的支持

大学生虽然具有创业的热忱和强烈的意愿，但是仍然存在资金和经验两个短板。为解决大学生创业者在资金上的困难，弥补大学生创业经验、资源的不足，各高校应以公司集团为平台，以创业就业学院、大学生创业园为基地，利用政府、社会和学校多方的项目资源和融资渠道，为优质可行的大学生创业项目募集资金。通过企业商业论坛进校园的形式实现学生创业项目与市场的对接，通过企业入股的形式对大学生创业企业在技术、管理和财务上给予帮助和扶持，真正构建“人才共育、过程共管、成果共享、责任共担”的校企利益共同体。实践证明，这是高校培养创新创业人才、探索校企合作可持续发展的长效机制，是实现政府、学校、企业与学生多方共赢的有效途径。

第七章 劳动教育与创新创业融合发展

第一节 劳动教育概述

劳动教育是我国教育体系的重要组成部分，也是高校实现立德树人目标的重要方式。深入学习劳动教育相关理论，是理解劳动本质的基本前提，也是开展劳动教育研究的基础环节。分析劳动教育的相关定义，探究劳动教育的理论渊源，了解劳动教育的必要性，能为高校开展劳动教育奠定坚实的理论基础。

一、劳动教育的概念

劳动教育是指教育者有目的地、系统地对受教育者进行劳动知识讲授、劳动能力培养、劳动精神培育和劳动习惯培养的教育活动。在高校开展劳动教育的目的是督促大学生掌握现代生产的劳动技能，提高劳动质量。现从以下三个方面总结前人对劳动教育概念的理解。

（一）劳动教育是具有教育性的活动

陶行知把劳动教育视为让年轻人劳力劳心的实践活动。劳动教育可以帮助大学生形成正确的劳动观和积极的工作态度，养成良好的工作习惯，掌握必要的劳动知识和技能，并开展创造性的劳动教育活动。

（二）劳动教育是具有劳动的教育

劳动教育要求形成劳动习惯，具备一定的劳动知识和技能，具有创造性劳动的能力。高校劳动教育的发展离不开具体的劳动形式。《教师百科辞典》（1987年版）认为，“劳动教育就是向受教育者传播现代生产的基本知识和技能，培养他们具有正确的劳动观点、劳动习惯和热爱劳动人民、劳动成果的感情”。

（三）劳动教育具有德育的部分内容

在《辞海》（第七版）中，劳动教育是指“对学生进行热爱劳动和劳动人民、珍惜劳动成果、树立正确的劳动态度、通过日常生活培养劳动习惯和技能的教育活动”。高校劳动教育通过开展劳动教育活动，使大学生获得全面的发展。教育家苏霍姆林斯基认为，劳动教育在劳动过程中融入德育、智育和美育等因素，使大学生参加社会生产的实际训练，进而促进大学生的道德品格和智力品格的提升。

综上所述，劳动教育是大学生成长的必由之路。高校劳动教育旨在有计划地组织大学生参加劳动，锤炼意志，树立正确的劳动价值观，并形成良好的劳动素质。

二、高校劳动教育

高校劳动教育是以大学生为教育对象的劳动教育活动，是对大学生进行劳动观念、劳动思想、劳动习惯、劳动态度的系统教育，也是从整体上提升大学生劳动素质的过程。

高校作为培养社会主义时代新人的阵地，必须践行培养全面发展的人的目的，促进劳动教育的落实，即从大学生的劳动观念意识等内在点出发，进行正确引导，发挥大学生的积极性，强调全员参与，体验实际劳动过程。高校劳动教育符合社会劳动发展的趋势。高校要引导大学生追求人生价值，获得劳动体验感，成为高级专业人才。高校实施劳动教育，应遵循劳动教育的特点，遵从时代性、阶段性、主体性和价值性。高校劳动教育不是一种理论教学，也不是一种简单的技能学习，更不是一种休闲娱乐活动，而是把崇高的劳动观念植入每个学生的思想观念，扎根于心，深入于心。

三、高校劳动教育的必要性

劳动创造未来，教育引领发展。高校是教育的主阵地，大学生作为未来社会的建设者，肩负着重要的历史使命。开展劳动教育，是对德智体美劳全面发展时代新人培养的积极回应，是高校与时俱进的具体体现。面对大学生劳动意识淡薄等问题，开展高校劳动教育，是实现立德树人根本任务、促进大学生全面发展、实现中华民族伟大复兴中国梦的关键举措。

（一）有利于实现高校立德树人的根本任务

立德树人不仅是教育的中心环节，也是教育的初衷和责任所在。习近平总书记强调，要坚持把立德树人作为中心环节，把思想政治工作贯穿教育教学全过程，实现全程育人、全方位育人。增强大学劳动教育的实效性，有利于将大学生培养成为全面发展的社会主义建设者和接班人。

首先，高校应该明确社会发展需要什么样的人，深刻理解劳动教育的教育性、政治性、实践性，引导大学生坚定理想信念，把服务祖国、发扬艰苦奋斗精神、肩负时代使命深深融入劳动教育。

其次，劳动教育作为高校实现立德树人任务的“金钥匙”，深深植根于劳动实践。大学生通过劳动实践，能够了解劳动的本质，了解劳动的影响因素，提高个人对社会的责任感，并将个人成长与国家发展构建紧密联系，以实现和谐社会的崇高理想，找准中国特色社会主义的出发点和立足点，最终实现共同理想。高校要注重大学生团队合作意识的培养，激发他们对劳动的热爱之情，增强他们的劳动意识，培养他们的奉献精神，端正他们的就业观念，丰富他们的精神世界。大学生在劳动实践过程中，要树立劳动意识，增强劳动情感，在劳动体验中培养崇高的道德修养和健全的人格。

最后，高校作为重要的育人阵地，其根本任务是立德树人。高校有义务引导师生及各类社会群体准确认识劳动。高校要认识到科学技术的发展为教育提供了技术支持，尤其是人工智能的产生，使得劳动教育方式得到更新；要积极构建劳动教育课程体系，完善课程设计，开发全面的、实用的、开放的劳动教育课程，并根据国家的规章和规范，编写劳动专业教材；要吸纳优秀的劳动人才，建立结构合理的专兼职教师队伍，加强专职教育的考核评价；要将高校劳动素质测评纳入大学生综合评价体系。此外，高校要帮助大学生树立正确的劳动价值观，引导大学生走向社会，积极参加义务劳动，增强社会责任感与担当精神，并有意识地开展社会主义的核心价值观教育，促进社会的改革和进步，完成立德树人的根本任务。

（二）有利于促进大学生全面发展

教育是国之大计、党之大计。现代工业的不断发展，将人们从繁重的体力劳动中解放出来，促进了劳动关系的社会化。随着科学技术的不断进步，部分大学生产生了重脑力劳动而轻体力劳动的心理，参加体力劳动的时间在不断减少，导致他们对劳动认识不深刻。

大学生作为新时代的建设者，是推动劳动事业进步的主力军，这就对他们提出了新的要求，即实现全面发展，成为有本领、有担当的大学生。高校要抓住大学生价值观念逐步走向成熟的关键时期，通过劳动教育的方式，引导他们全面把握当前的教育发展状况和社会发展情形。树立正确的劳动观念，是帮助大学生担当民族复兴大任的有效手段。一个热爱劳动、崇尚劳动的人，更容易实现自我价值。高校要帮助大学生获取扎实的专业技能，形成勤劳上进、勇于创新的良好品格，引导其在社会发展过程中充分认识到自己与社会的关系并产生责任感。当代大学生要保持劳动本色，将吃苦耐劳、敢于拼搏熔铸于心。

加强高校劳动教育，是实现大学生全面发展的迫切需要。在社会中，劳动能力至关重要，加强劳动教育势在必行。大学生要关心集体、勤奋劳动、爱岗敬业，在开展劳动教育过程中独立思考，增强探索、观察、操作等劳动能力，在社会实践中锻炼强健的体魄，在劳动教育实践过程中发现美、体验美、鉴赏美、创造美。

（三）有利于实现中华民族伟大复兴中国梦

党的十八大以来，我们党凝聚智慧，描绘了实现中华民族伟大复兴中国梦的宏伟蓝图。实现中华民族伟大复兴中国梦，离不开千千万万劳动者的共同努力。实现中华民族伟大复兴中国梦，必须培养一批爱劳动、能劳动、会劳动的社会主义接班人，用劳动托起中国梦。

1. 实现中国梦需要辛勤劳动

劳动是实现伟大梦想的必由之路，在这一过程中，需要每个中华儿女辛勤劳动。这要求大学生坚持不懈地辛勤劳动，用劳动刻画出梦想成真的瞬间。高校要引导大学生不断为国家发展强大贡献智慧，将美好生活的向往在劳动过程中付诸实践，努力创造幸福生活。

2. 实现中国梦需要诚实劳动

习近平总书记指出："劳动创造了中华民族，造就了中华民族的辉煌历史，也必将创造出中华民族的光明未来。"大学生要认真学习劳动知识，将专业课学习扎实，把教师布置的任务落实好。大学生要积极参加劳动实践活动，诚实劳动，尊重每一个人的劳动成果，关心集体、爱护同学。高校要坚持锲而不舍、驰而不息地增强大学生的劳动意识，鼓励大学生用自身的知识和本领接力奋斗。

3. 实现中国梦必须靠创造性劳动

创新本质上是一种劳动实践，创造性劳动需要始终坚持创新引领前进方向，引导人们在创造性劳动中取得进步。因此，高校必须培养综合素质全面发展的人、爱劳动的人、诚实劳动的人、创造性发展的人。例如，高校要以人工智能为抓手，将人工智能技术运用到劳动教育教学。大学生要坚持通过创造性劳动开拓思维，凭借真才实学服务人民，用创造性劳动建设祖国。这是大学生进行劳动教育的需要，是时代发展的现实需要，是党和国家的需要，是培养堪当民族复兴大任的接班人的需要。大学生要不忘初心、牢记使命，凭借辛勤劳动、诚实劳动、创造性劳动，奏响民族复兴的壮丽乐章。

第二节　高校劳动教育的内容和特点

高校劳动教育立足于新时代，以实现大学生的全面发展和中华民族伟大复兴为使命。高校开展劳动教育，既要综合分析大学生的整体特征、突出个性，又要结合《关于全面加强新时代大中小学劳动教育的意见》对高校劳动教育的内容和特点进行深入研究。

一、高校劳动教育的主要内容

当代大学生是社会主义现代化建设的先锋军，必须具备扎实的专业知识，树立劳动最光荣的观念，深知劳动创造幸福生活。高校要结合时代特征，对大学生进行劳动观念教育、劳动能力培养、劳动精神培育、劳动习惯养成，不断丰富劳动教育的内容。

（一）劳动观念教育

劳动观念是指个人对劳动的观点和看法，其主要表现在思想层面上。劳动观念主要包括对劳动的本质、目的、方法、实践等方面的看法，是大学生世界观、人生观、价值观的重要组成部分，对大学生的劳动行为和参与活动的效果有着重要影响。

1. 培养大学生以劳动为荣的价值观念

针对当前部分高校存在对劳动教育重视不足、大学生劳动意识薄弱的问题，高校劳动教育要鼓励大学生树立正确的劳动观念。观念是行为的先导，大学生要有正确的劳动价值取向，尊重广大劳动者辛勤劳动的成果，保持勤俭节约、艰苦奋斗的习惯。中华民族是一个勤劳勇敢、不断奋进的民族，经历了几千年来的辛勤劳动，铸造了无与伦比的中华文明。近代以来，无数国人抛头颅、洒热血，坚持辛勤劳动和顽强拼搏，建立了中华人民共和国。我们的财富得以保存和传承下来，进而惠及子孙后代。改革开放、脱贫攻坚，进入中国特色社会主义新时代，无数的国人辛勤劳动，推动我国在“快车道”一路驰骋。大学生要树立以劳动为荣的理念，摆脱传统旧思维的禁锢，勇敢跨步向前，积极践行诚实劳动的思想观念，树立正确的就业观。

2. 培养大学生正确看待体力劳动与脑力劳动的观念

体力劳动与脑力劳动是辩证统一的，它们之间相互促进、相互影响，共同推动人的进步和发展。当代社会对劳动者和劳动的要求越来越高，随着科学技术的不断进步，对脑力劳动、劳动者的智力要求更高。高校应鼓励大学生自觉参加课堂学习，学习各种文化知识，丰富专业素养，积极参加社会实践活动，练就一身过硬本领，督促自己成为优质人才。

3. 培养大学生尊重他人劳动的观念

高校劳动教育要教育大学生尊重他人的辛勤劳动。例如，上课时教师要耐心讲授知识，大学生要仔细听讲，学习最新理论。在生活中，校园保洁人员已经打扫干净教室、图书馆、楼道，大学生要尊重保洁人员的劳动，捍卫他们的劳动成果，自觉维护生活环境的干净整洁；在食堂，大学生要坚持光盘行动，养成勤俭节约的品质。

4. 培养大学生奉献社会的观念

高校要开展向劳动模范学习的活动。例如，向宝山钢铁股份有限公司热轧厂技能专家王军学习，不仅靠体力工作，更靠智慧工作，为“中国制造”走向“中国智造”贡献力量；学习全国劳动模范孟广彬几十年如一日，用一针一线穿出诚实守信的人生信条，以一个平凡劳动者的坚守诠释一名草根工匠的社会价值；学习袁隆平几十年如一日研制杂交水稻种植技术，无私奉献社会。大学生作为高素质的劳动者，要立志为学校、为社会、为国家做贡献，秉持只争朝夕、不负韶华、时不我待、甘于奉献的观念，投身社会主义现代化建设。

（二）劳动能力培养

劳动能力是人们主动参与生产生活实践的能力，一般包括体力能力和脑力能力。大学生是我国社会主义建设的生力军，对社会现代化发展起着强大的推动作用。随着社会发展，用人单位更加重视大学生的个人能力，对大学生的综合素质提出了更高的要求。可以发现，一些不具备劳动技能的大学生，在求职过程中屡屡碰壁。此外，严峻的就业形式让一些大学生感到十分焦虑。因此，对大学生进行劳动能力的培养显得尤为重要。著者将劳动能力概括为两个方面：一般性劳动能力和职业性劳动能力。

1. 培养一般性劳动能力

首先，在大学生的认知思维上，要树立正确的价值观。在目标理念上，要号召形成人人劳动、时时劳动、处处劳动的有机体。在方法手段上，要运用好融入式、嵌入式、渗入式的形式。大学生要深刻理解社会主义劳动关系，树立正确的择业观。

其次，教师要利用好课堂教学的主渠道，为大学生深入浅出地讲解劳动相关的基础知识，运用劳动教育的理论和方法，引导大学生自主学习劳动知识、形成必备的劳动能力。例如，会计专业的学生要掌握会计专业相关知识，具有一定会计从业人员的能力；法律专业的学生要学会一定的法律知识，从而具备从事法律相关活动的劳动能力。教师要在专业教育中重点讲授有关联性的劳动知识，鼓励大学生主动在劳动通识课上学习专门的劳动知识，并锻炼一般性劳动能力。

2. 培养职业性劳动能力

职业性劳动能力是指通过专业的技术训练形成的劳动能力。大学生要掌握一定的劳动技能，特别对于一些理工类、医学类院校的大学生来说，没有一定的实践经验，是不能适应岗位要求的。因此，高校要把大学生所需的职业劳动能力，通过劳动实践的形式教授给他们。高校应结合综合院校、理工类院校、职业院校、医学类院校大学生所学专业的特点，提供职业规划、岗位培训、支教服务、技能实训等实践活动；应加深大学生对职业的理解，锤炼大学生独立工作的能力，并进一步使大学生掌握专业操作技能；应将劳动教育与大学生的专业需求相结合，发挥大学生自身操作技能的主动性，促使其熟练掌握劳动工具的操作方法，为未来工作、职业发展做好充分准备；应增强大学生劳动意识，厚植其劳动情怀，引导其热爱并积极参加多种形式的劳动教育活动，弘扬劳动光荣的新风尚。

（三）劳动精神培育

劳动精神是人类努力完成劳动任务所表现出来的意志力、勇气及智慧，同时表现出人们对劳动的热爱，突显劳动过程中特有的积极人格气质，有助于劳动者在劳动过程中实现价值，激发劳动者自觉自愿参与劳动的积极性。

1. 培养爱岗敬业的劳动精神

爱岗敬业是忠于职业的一种操守。对于大学生来说，其本职工作就是学习，进而通过参加专业性学习活动，进一步增长知识、全面发展。高校要引导大学生认识劳动者的价值和意义，使爱岗敬业的劳动精神深入大学生心灵。

2. 培育吃苦耐劳的劳动精神

劳动会导致智力和体力的消耗，并且会伴随不同程度的劳累和艰辛。劳动展现人类的本质，人通过劳动获得人之为人的确证。在劳动精神的培育中，应该让大学生体会到完成劳动的满足感。通过劳动，大学生的身体可以得到锻炼，进而变得更健康。高校要增强大学生的劳动意识，在劳动实践中培育其吃苦耐劳的精神。为此，高校可鼓励大学生通过参与劳动，参加学校、社区和街道组织的公益活动，形成热爱劳动、尊重劳动、吃苦耐劳的精神。

3. 培育创新的劳动精神

“天行健，君子以自强不息”，创新是自强不息的进一步发展，也是引领发展的第一动力。创新升华了劳动的样态，节约了劳动的时间，节省了劳动的成本，是劳动过程中要始终遵循的理念。高校劳动教育要引导大学生自觉接受先进的思想，以此提高其创新能力，打破思想根源上的屏障。高校要引导大学生改变以往仅仅从认知层面创新的狭隘思维，树立“创新无处不在”的价值观念，让大学生认识到创新的重要性。大学生要练就过硬本领，发挥创新精神，选择用真才实干服务国家、奉献社会。

4. 培育艰苦奋斗的劳动精神

奋斗是我国劳动人民的历史写照，是时代的重要力量，也是实现民族复兴的中坚力量。奋斗是一种在劳动中表现出来的进取态度，也是对科学规律的遵循。只有艰苦奋斗、一往无前地劳动，才能解决发展中的重重难题。为了伟大奋斗目标的实现，必须发扬艰苦奋斗的精神。培育艰苦奋斗的劳动精神，需要辛勤劳动、诚实劳动、创造性劳动。因此，高校要引导大学生学习劳模事迹，积极发挥劳动模范的引领作用，让大学生在了解劳模事迹的基础上，将劳动精神内化于心、外化于行；要激励大学生主动以劳动模范为榜样，勤奋学习、勤恳做事；要找准劳动教育价值，引导大学生成为劳动精神的践行者。

（四）劳动习惯养成

劳动习惯是指人们在劳动过程中形成的经常性行为，也可以说是在劳动过程中持续不断地练习，并发展成为独立个体从事体力或者脑力活动的一种自觉的行为方式。劳动习惯教育不单单是一种理论观念的教育形式，更是在具体实践中表现出的一种行为习惯。好的劳动习惯，能促进大学生的健康发展；不好的劳动习惯，会阻碍大学生的进步。数字时代的到来、人工智能的迅猛发展、互联网的飞速发展，无形中削弱了一些大学生的劳动理念，忽视了动手劳动的习惯养成，“空谈误国、实干兴邦”“奋斗者的时代”等，都是对不良行为的有力纠正。因此，大学生要在日常生活中养成良好的劳动习惯，做“流自己的汗、吃自己的饭”，有尊严、有教养的时代新人。为此，高校要加强劳动教育，结合大学生的校园生活，组织大学生开展校园卫生、文明寝室建设等劳动锻炼，让其在这一过程中养成良好的劳动习惯；要重视大学生劳动习惯的培养，让劳动贯穿课堂学习、生产实践、教育培训；要重视大学生劳动习惯的养成，通过定期地开展劳动实践活动，帮助大学生养成良好的劳动习惯，使其牢固树立劳动为先的观念。

二、高校劳动教育的特点

劳动教育是高校教育内容的重要部分。在高校开展劳动教育研究，必须熟悉劳动教育的时代特点、适应社会发展的规律。

（一）时代性

时代性是指事物根据时代的变化而发展的特点。时代变化推动理论创新，高校劳动教育的特点紧随时代的变化而变化，因此，高校开展劳动教育要把握好时代性。随着社会大发展大繁荣，以人工智能、5G通信技术等为代表的科学技术革命促进了社会分工的日益细化，一般的劳动形态开始发生变化。因此，高校劳动教育要积极适应科技发展和时代变革，调整优质人才培养的目标，培养出具有创新能力的优秀人才；要引导大学生在尊重劳动、热爱劳动的过程中顺应时代发展变化，成为德智体美劳全面发展的人。在当前形势下，高校应当将劳动教育落到实处，劳动教育应当主动地担负时代的使命，使大学生适应与时俱进的社会。高校劳动教育要与时代发展一同前行，与时代相呼应。

（二）价值性

价值性是指高校劳动教育具有塑造学生价值观的特征，能帮助大学生树立正确的劳动观念。当前，部分大学生存在好逸恶劳、价值观异化等问题，这要求高校劳动教育遵循直接创造价值的内在逻辑。在教育语境下，一方面，劳动教育可以提升教育对象的劳动素质，使劳动者在劳动过程中提高生产效率，直接创造巨大的价值。另一方面，劳动教育可以提高整个社会的劳动生产力，使社会发展具有内生动力，推动社会的整体进步，对人类社会有着积极的社会意义。

综观当今社会发展可以看出，劳动教育的价值贯彻了以人为本的理念。劳动的价值性更多包含大众对劳动价值的准确体认，因此，要营造尊重劳动的分配机制与舆论氛围，使高校劳动教育更具成效。高校要通过劳动教育，让大学生更加热爱劳动，鼓励大学生积极参加社会服务性劳动，把自己在学校学到的知识和技能转化到为人民服务的事业中。

高校劳动教育要与时俱进，不断跟随社会发展的脚步去创造劳动的条件，让大学生参加劳动，找到当代劳动教育的新方向。高校在优秀人才培养过程中，要加强劳动教育，强化大学生对劳动的价值认同，帮助大学生认识到劳动对人的全面发展和社会的进步所起的重要作用，积极引导大学生深入研究劳动与劳动教育，使其将对劳动教育的价值认同自觉转化为自己的价值取向和选择。

（三）主体性

主体性是人们在劳动实践过程中表现出来的个人能力和看法，也可以表述为自主的、能动的、有目的性的活动。当前，我们强调的劳动教育的对象是大学生，实践的主体同样是大学生。高校劳动教育是一个系统性工程，只有当每名大学生都践行劳动活动时，它才具有活力。正是大学生的一致行动，激活了劳动的主体性。从主体的角度看，劳动教育在整个高校工作开展进程中不是一个机械的数字概念，既不是简单地指每个人或所有人，也不是模糊地指多数人或绝大多数人，而是要从总体特征角度去理解。

大学生作为劳动教育的主体，除了学习劳动知识、提升素质能力，更需要充分发挥自身的积极性、主动性，成为劳动实践活动的参与者。只有主体性得到充分体现，大学生才会主动思考劳动教育教学内容，从而延展所学的知识，并积极在日常实践生活中应用所学知识，做到知行合一。很多大学生对劳动的认识较为浅显，认为劳动就是为了挣工资，给多少工资就干多少活。在工作中，最常见的表现就是事不关己、高高挂起。从本质上讲，要发挥大学生的主体性作用，就要改变以往单纯说教的授课模式，充分调动劳动者的积极性。增强大学生学习的自主性、能动性和创造性，强化大学生的主体性，是高校培养全面发展的大学生的必然要求。高校劳动教育通过增强大学生主体意识，塑造大学生健全的人格，从而将大学生培养成具有高度主体性的人才。高校要以大学生为中心，增强大学生的劳动认同，并对个别学生进行针对性教育。

（四）阶段性

高校劳动教育绝不是通过一两次培训课就可以完成的，一般来说，人们对事物的认识在实践过程中逐渐深化，大学生关于劳动的看法和观点也是在劳动实践过程中不断加深的。高校充分理解劳动教育文件精神，理解新时代劳动教育的价值取向和教育意蕴，做好对劳动教育的整体规划和顶层设计；要根据大学生不同年龄阶段的身心特征和学习任务，选择灵活多样的方式，既保持传统有益的劳动教育方式，又要充分利用现代生产和科学技术，不断丰富劳动教育方式，更好地把劳动教育与人工智能、互联网等新技术结合起来，帮助大学生适应现代生产、现代科技和社会生活；要结合不同年级大学生的思维特点，将劳动教育的内容进行细致划分。例如，对大一的学生进行“入学教育”，引导其主动地参加多种多样的劳动活动，在提高劳动能力的同时尽快适应校园环境。同时，鼓励其积极参与校园实践活动、公益活动，将个人与公共利益实现完美结合。对于大二的学生，要鼓励其积极学习劳动教育课程，以掌握必备的劳动知识和技能；推动理论学习与实践学习的结合，体现体力劳动与脑力劳动的完美契合；强化其对劳动内涵的见解、身体的锻炼、心智的塑造。对于大三学生，要引导其积极参加本专业的实践活动和技能培训，通过专业实践不断提高自身的专业素养。对于大四的学生，要求其做出正确的职业判断和职业选择，强化对职业的理解。

高校要在课程中引入人工智能、物联网、大数据等新内容，充分利用人工智能技术推进劳动课程个性化发展，为大学生提供先进的技术支持、丰富的学习内容和多样化的教育服务。高校应明确劳动教育的内容设计，通过对不同阶段劳动教育内容的层次设计，使大学生更容易接受劳动教育，培植大学生对劳动的热爱，厚植大学生的家国情怀，以劳动教育托举民族的未来。

第三节　高校劳动教育与创新创业融合

一、劳动教育与创新创业融合的价值分析

2020年3月，《中共中央国务院关于全面加强新时代大中小学劳动教育的意见》（以下简称《意见》）印发，提出要全面构建体现时代特征的劳动教育体系，加强劳动教育。《意见》强调高校要注重围绕创新创业，结合学科、专业特点，将劳动教育有机纳入创新创业教育，帮助大学生增强劳动意识，积累职业经验，提升就业创业能力。新时代，大学生已经成为创新创业的生力军，如何将劳动教育融入大学生创新创业教育，以培养更多道德高尚、技能精湛的创业型大学生，是一个很值得探索的问题。

（一）理论价值

将劳动教育融入创新创业教育，创新开展创业型大学生培养，迫切需要我们对其内涵、范畴和范式等关键问题加以解释、概括和提升，从而有助于科学认识、把握和厘清创业型高校劳动教育范式构建的思路，从理论、政策、实践三个维度形成创业型高校劳动教育范式，对于丰富创新创业教育和劳动教育理论有着独特的理论价值。

（二）实践价值

劳动教育是高校思想政治教育的重要内容。在高校弘扬劳动精神，大力开展劳动教育，有利于培育更多的创业型大学生。创新劳动教育范式、保障政策和实践路径，对于提升大学生创业成功率，为国家培育知识型、技能型、创新型劳动者具有重要的实践价值。

二、劳动教育与创业教育内涵契合

（一）立德树人，教育本质具有同源性

教育的本质是培养人，劳动是人类特有的活动，其本质是实现人的解放与发展。劳动教育在教育与生产劳动相结合的实践中，促进人的全面发展。创业教育培养人的创业意识、创业思维和创业技能等综合素质。劳动教育与创业教育要立足于人，以培养德智体美劳全面发展的社会主义建设者和接班人为根本追求。

（二）精神培育，教育目标相辅互促

习近平总书记在党的十九大报告中强调，要“建设知识型、技能型、创新型劳动者大军，弘扬劳模精神和工匠精神”。劳动教育要培养新时代大学生的奋斗精神、敬业精神、自强精神和创新精神，这些精神素养也包括在工匠精神中。此外，工匠精神还包括精益求精、专注、执着等。企业家精神是推动社会革新的力量与行为，其精神特征体现在敬业、创新、合作、诚信和学习等方面。有研究者提出，企业家精神首先是一种工匠精神。企业家精神培育是创业教育的重要内容。工匠精神和企业家精神互相促进发展、彼此提升境界，相辅互促、同频共振。

（三）创造劳动，教育内容具有融通性

《意见》指出，高校劳动教育的重点是使大学生能够在劳动实践中创造性地解决问题。劳动教育与创业教育都注重“创造性劳动知识与能力”的培养，创造性劳动教育是劳动教育与创业教育的理想结合。随着科技的迅猛发展和人工智能时代的到来，人类劳动的创造性特征日益突显。创造性劳动的主体是高素质的创新型劳动者，他们能够在劳动中实现物质产品的创造。劳动教育注重“问题的创造性解决”，创业教育注重开发有意义的“挑战性劳动”，二者互融互通，共同实现创造主体与客体、创造思维与工具、创造意图与结果的统一。

（四）实践为要，教育方式具有共同性

鉴于劳动教育与创业教育的实践属性，“从实践中来，到实践中去”成为二者共同的教育方式。劳动教育必须重视大学生的劳动实践，坚持在适当时机把大学生带入真实的劳动场域，让其在保障安全的前提下从事各类具体丰富和参与性强的劳动。创业是创业者将创新理念付诸实践的创造性活动，创业教育的实施关键还在于“实践出真知”，即通过真实或虚拟的创业实践活动，帮助大学生激发创业热情，积累创业经验，感受创业过程，提升创业能力。

三、创业型高校劳动教育路径分析

（一）确立一体化、层级式的培养目标

培养目标是高校落实人才培养总体要求和组织教学活动的行动指南。高校应确立融“劳动观念、创业意识、创新精神、创业能力”于一体的培养目标，实现劳创教育育人价值同向。新时代劳创教育的首要目标是培养大学生的劳动观念和创新创业观念，帮助大学生树立劳动最光荣、最崇高、最伟大、最美丽的理念，体会劳动创造美好生活、体认劳动不分贵贱。创业意识是人们为满足个体或社会需求而进行创业的意向、愿望和动机，是创业的出发点和内驱力。新时代劳创教育需要唤醒大学生的创新创业意识，植入“创新创业种子”，点燃创新创业热情，激发“想创新、敢创业”的动力。创新精神是人们在创新过程中所展现出来的意志、信心、勇气、品质和智慧。新时代劳创教育需要培育大学生精益求精、追求卓越的“工匠精神”，促使其养成专注、严谨、执着的职业态度和创新精神。创业能力是继学术能力和职业技能之后大学生应具备的第三种“能力护照”。新时代劳创教育需要培育大学生进行批判思维、解决问

题、组织管理、团队协作等创新创业所必备的能力。随着社会对人才培养规格与要求的不断丰富，高校教育内容越来越丰富。如果劳动教育与创业教育各自为政，将导致教育资源重复投入，增加师生负担。高校应统筹设计一体化层级式的教育目标，即确立以人的全面发展为根本，建立以正确的劳动价值观为基础、以创新创业素质形成为进阶、以创造性劳动知识与能力的学习为核心、融工匠精神与企业家精神于一体的目标体系。

（二）设计差异化、系统性的教育内容

面对通识课程与专业课程的“学时争夺”，整合课程内容、优化课程结构成为当务之急。高校可以探索构建差异化、融合式的劳动教育与创业教育内容体系。差异化体现在劳动教育的普及化和创业教育的层级化。高校应充分统合二者的基础性内容，在低年级面向全体学生开设劳动通论类课程，其中包括劳动技能基础知识和创业基础知识；在高年级重点面向有创业意向和创业需求的学生进行高阶式创造性劳动教育，将开放性思维和挑战性实践、工匠精神与企业家精神培养等内容融入劳动教育。

课程是高校育人的基本途径。高校可以构建“通识类—专业类—项目—类培训类”的阶梯化课程体系，以促进劳创教育的育人内容共融。面向全体学生开设“通识类”劳动和创新创业课程，帮助全体学生掌握劳动和创新创业的基本知识，增强主动劳动和创新创业的意识，树立正确的劳动价值观与创新创业观，养成积极的劳动态度与创新创业精神；针对不同专业的学生，开设“专业类”劳动和创新创业课程，努力让不同专业的学生掌握与所读专业相关的劳动和创新创业知识与技能，提升他们的专业认同、职业兴趣，养成“干一行爱一行，专一行精一行”的工匠精神；聚焦有创业意向的学生开设“项目类”创新创业课程，以项目开发与实践的方式，培养学生发现创新创业机会、选择创新创业角度、进行创新创业项目设计，以及开展创新创业活动等方面的能力；助力创业初期学生开设“培训类”创新创业课程，通过创业导师职业化的培训、指导、咨询、服务帮助初创业者，以提高其创办企业、管理企业、应对企业各种风险的能力。

（三）师资专业化、校企型的授课资源

教师是教育发展的第一资源。高校可以共同建设一支高素质、专兼结合的“专业化”师资队伍，保障新时代劳创教育的育人师资共享。

打造既懂学科专业理论又熟悉专业实践实训的“双师型”专职教师。立足

校内，选拔一批劳创教育骨干教师，组建既能胜任理论教学，又能指导学生实践的“双师型”专职师资队伍；通过岗前培训、在职培训和行业企业挂职锻炼等方式，提高劳创意识和能力，增强创业实践体验和经验；完善定期考核与淘汰制度，注重专职教师的创业经历、创业经验及创业能力，并将其作为实践导师聘用的必备条件。面向校外，努力引进与学校人才培养目标相符的实践型人才，建立劳动教育和创新创业教育兼职教师队伍；通过设立劳模工作室、大国工匠工作室等方式，聘请各行业劳动模范、创新创业成功典范、知名企业高管及优秀校友担任指导教师并参与课堂实践教学；建立健全劳创教育兼职教师流动制度，在校际之间实行教师定期流动，共建共享优质教师资源。

（四）教学实践化、全方位的育人手段

实践是劳动教育与创新创业教育的实现方式。高校可以围绕学生“个人生活—校园生活—社会生活”开展“系统化”劳动实践活动，助推新时代劳创教育育人路径共通。将学生个人卫生、宿舍整洁等事务纳入学生日常管理，以此推动学生坚持日常生活劳动，激发劳动意识，养成劳动习惯；设置勤工俭学岗位，让学生体验劳动可以创造价值，从而树立正确的劳动观念和财富观。结合校园生活开展实践活动。鼓励学生参与教室、食堂等校园公共场所的卫生保洁、绿化美化等活动，培养学生热爱劳动、尊重劳动的情怀；依托社会实践和创新创业社团，定期举办有关劳动和创新创业的论坛、比赛等，深化体验，增强实践。依托社会生活开展实践活动。利用暑期“三下乡”等社会实践活动，积极鼓励和支持大学生参与基层劳动和创新创业实践，从而树立服务意识、增强社会责任感及提高社会服务技能；依托专业实习实训，走进社会、走进企业，让学生参与真实的生产劳动和服务性劳动，提高学生发现问题、分析问题和创造性解决问题的能力，增强职业认同感和劳动自豪感。

（五）实施全程化、贯通式的教育方式

美国教育家杜威认为，“教育的各个方面与阶段彼此之间如果缺乏必要的联系和衔接，将导致相互的矛盾冲突，甚至形成消极影响”。高校的劳动教育与专业教育实践活动，应统筹融入现有的人才培养全过程和全领域。纵向上，大学一年级重点开展课程学习、专题讲座等校内认识类实践活动，大学二年级重点开展勤工助学、创业项目等校内模拟类实践活动，大学三年级重点开展志愿服务、专业服务等校外体验类实践活动，大学四年级重点开展顶岗实践、创业企划等岗位创新类实践活动。横向上，劳动教育与创业教育要和高校思想政

治教育、职业生涯教育、学科专业教育等不同领域相结合，根据各学科课程内容特点，有机互融，形成综合化、多样化、一体化的教育方式。

（六）营造全员化、协同式的教育环境

近年来，随着国家对劳动教育与创业教育的重视和加强，良好的环境育人氛围正在形成。首先，从顶层设计上，明确劳动教育与创业教育结合的必要性、可行性及操作性，从制度层面使二者的融合推进更有章可循。其次，从组织机制上协同推进，强化高校内部职能整合，统筹、协调劳动教育与创业教育的管理。最后，为劳动教育与创业教育的场域提供条件保障。目前，劳动教育与创业教育的主战场还是在高校，优质社会资源并没有发挥应有功能。政府及各类群团组织应协同搭建各类资源平台，广泛调动社会各方力量，积极协调企业、社会组织，尤其是现代化高科技企业等，尽可能开放实践场所和生产空间，为学生的劳动实践和创业实践提供必要支持，让学生在社会这个“大课堂”中学有所成。

第八章

“互联网+”创新创业实践探索

第一节 “互联网+”创新创业教育的理论基础

一、经济转型期的创新创业教育

在经济转型期，要突出自主创新的效力，高校就必须坚持通过科技创新、结构调整和制度创新的维度来培养学生，把科学技术进步和创新能力提高有机结合起来，使学生在受教育过程中形成一种新竞争、新思维。可见，经济转型期的创新创业教育有着自身的特点。

（一）创新创业观念教育先于创新创业行为教育

创新创业教育的内容结构是由创新创业观念与创新创业行为共同组成的。转变经济发展方式，需要更多的优秀大学生投身创业，而创新创业观念是先于创新创业行为的。在教学中，教师开始将创新创业观念融入各专业课程，从而将各种创新创业的知识和理念传授给大学生。例如，创业光荣；企业家是创新家而不是资本家，创业的利润来自创新的剩余，而不是剥削的剩余；企业家是社会经济发展的中坚力量；创业是个体全面发展和自我实现的道路；等等。这让大学生在思想上对创新创业有所认识。在树立了创新创业观念后，带领大学生进行创新创业相关实践活动，也就形成了大学生的创新创业行为。同时，高校要在创新创业教育中为创办企业的行为赋予意义，鼓励适合的优秀学生投身创新创业。

（二）创新创业是以知识型创业为目标的能力教育

创新创业教育的内容和主线是以知识型创业为目标的能力教育。依据创新创业的性质和特征，提出知识型创业的概念和承担主体是知识劳动者，即大学生。知识型创业是以创新为基础的创造性思维训练，其整个进程也是创新能力的吸取、聚集与凝结的进程。创新能力凝聚很可能是获益于需求条件、企业决策、生产要素等一系列外生性因素，但最核心的内生性变量是产业知识的吸取和创新创业能力的获得。

（三）创新创业是以自我实现为目标的观念教育

创新创业教育的基本目标是实现全覆盖、分层次和差异化，让全体学生以自我实现为目标。因此，要面向全体学生开展创新创业教育，提高学生的创新意识、创业精神与实践能力；要对有创业愿望的学生进行个性化培养，提升学生创业实战技能；要充分与专业教育相融合，发挥学生在创业实战技能方面的优势，在“专业性”教育与“全校性”教育并行的运行机制下，实现学生的自我价值。

（四）创新创业教育是一种长期行为

创新创业教育是面向全体学生、结合专业教育、融入人才培养全过程的教育模式。创新创业教育本不需要承担说教的任务——灌输那些与社会力量一致或相左的特定价值观。教育应当秉持的信条，是相信每一个人对他的人生都有着独一无二的价值判断，为教育对象人生的整体而不只是某些短期目标服务，因此说，创新创业教育是一种长期行为。

二、“互联网+”时代要求开展创新创业教育

在社会经济转型期，加强创新创业教育能为社会创造更多的就业岗位，即在转型期间，创新创业是解决大学生就业难问题、有效缓解就业压力的一条较好出路。它有助于创业者不断创造就业新岗位、创立新企业，进而缓解劳动力资源与社会岗位供需之间的矛盾，缓和目前就业难的困境，从而使社会更加和谐稳定、持续健康发展；有助于转变就业观念，激励大学生自主创业，培养大批具有创新精神和创业能力的高素质人才，提升人才质量；对于推进经济发展、缓解社会矛盾、维护社会稳定、顺利实现社会经济转型，具有极为重要的意义。因此，开展创新创业教育是时代的要求。

（一）有利于知识经济的发展和社会经济的转型

在知识经济时代，知识与科技信息取代了劳动力、资本、土地、原材料等原始资源的地位，成为具有创新动力的驱动资源。它是以自然资源生产为中心的工业革命时代之后再一次深远的社会变革，其核心问题是如何最大限度地发

挥人的创新潜能。然而，知识的增长必然会促进经济的发展。知识的增长更是以培养高素质的创新型人才为重要基础的，这种高素质的创新型人才是具有强烈的创新意识与精神、实训实践能力、创业能力的一种全面发展的复合型人才。高校作为国家创新体系的重要支柱与科技知识传授的中心，在创造知识、传播知识、转化知识及应用知识等方面具有无可取代的优势，在推动知识经济发展中发挥着重大作用。目前，伴随知识经济的发展，人才培养要求发生了相应转变，高校的教育目标也随之发生了改变，因此，应从培养传统的就业型人才调整为培养新型的创业型人才，从培养应用型人才调整为培养创新型人才。为此，在知识经济时代，高校只有培养出具有极强的创新意识与精神、实训实践能力和创业能力的全方位、复合型人才，才能满足知识经济发展对创新创业型人才的急迫需求。

（二）有利于提升全民综合素质与深化教育改革

只有提升全民素质，推进我国教育发展的深化改革，才能够真正与知识经济时代科技的进步和市场经济的发展需求相适宜，才能满足随着知识经济的发展和市场经济体制的逐步完善，以及社会对人才越来越高的要求。创新创业教育在内容和形式上是传统教育、传统就业教育的创新。因此，改革传统教育，推行面向未来的“创新性学习”，是迎接历史挑战，关乎国家生存和发展的关键一环。创新创业教育不仅使受教育者的就业与创业观念发生了转变，而且使人们的教育观念与人才观念发生了重大转变，也是我国高等教育的一次新的重大变革。我国的创新创业教育要在借鉴发达国家先进经验的基础上，因地制宜、创造性地开展各学科创新，逐步深化创新创业教育的教学改革，形成具有中国特色的创新创业教育教学特色。

教育改革，从教育理念到内容体系，从方法手段到环境设备，都有以教育目标指向（即按照什么样的目标培养人的问题）为核心问题的一系列重大问题亟待解决。在未来的一段时期里，特别是在国家经济结构调整和经济发展方式转变的特殊时期，如何提高地方国民素质、更好地发挥优秀人才在振兴本地区经济建设中的相应作用十分重要。在教学内容方面，高校要突破专业与行业间的壁垒，拓宽涉及专业，不断丰富和完善知识结构，使学生按照需要与喜好，有选择性地对知识内容进行学习，从而构建个性化的知识结构，并在学习中将创新创业意识深深根植于心。在教学形式方面，除传统讲授，要积极鼓励运用讨论、练习、角色扮演、案例分析等参与式方法，使学生学会如何去发现新的市场商机、如何寻找合作伙伴、如何去创立新企业。通过形式多样、丰富多彩的创业实践活动，不同类型的学生均可积累有益的创业经验，进而提升其社会竞争力。所以，要将原有教育功能的传统定式进行改变，实现社会、经济、教育三方相互促进、协调发展。加强创新创业教育，为建设创新型国家输出大批的创新创业型人才，才是教育本身实现可持续发展的基本前提和必然要求。

创新创业教育的发展和实施对提高全民综合素质和深化我国高等教育改革具有重大意义，它是知识经济时代的呼唤，是国家创新体系对高等教育的挑战，也是我国高等教育的使命与责任。从我国国情出发，必须发展创新创业教育。如何更好更快地促进高等教育的深化改革，是人们关注的焦点，也已成为当今教育界普遍关注的一项重要课题。

（三）有利于推进与支撑区域经济的发展

创新创业教育的推广与实施，创新型人才的挖掘与造就，是社会经济高速发展的重要内生动力，也对区域经济发展起着不可预计的推动作用。国家每个区域的经济发展都以该区域特色产业和优势产业为核心，创业者在其区域经济发展中能创造前所未有的巨大财富。创业者的数量与质量决定着社会经济发展的速度与质量，决定着区域经济发展的长远性、协调性，决定着新创办企业数量增长的速度，而新创办的企业总数与质量，也被视作国家经济发展的一项重要权衡指标。

（四）有利于大学生个人成长与职业发展

国家要求教育培养全面发展的人，造就数以亿计的高素质劳动者。在大学生的综合素养中，创新创业素质是较为核心的内容。在教育活动拓展中，创新创业素质是具有指引性和驱动力的高层次核心素质。大学生的个人成长和职业发展是一个长期而复杂的过程，在这一过程中，有诸多因素和条件在起作用，就自身因素和条件而言，创新创业知识、意识、品质、能力起着重要的支撑和导向作用。接受过创新创业教育的大学生，通过创新创业素质的提高，能促使其内在的创造潜能和全方面能力得到充分释放和发挥，得到全面发展，将来才有条件担当大任，适应经济社会发展和参与国际市场竞争需要，实现职业发展与自身社会价值。

培养大学生创新精神和创业能力是实施素质教育的重要组成部分。从某种程度上说，一个人创业能力的强弱直接反映了他的创新潜能与动手实践技能水平。创新是创业的灵魂，创业是创新的实现形式与载体，创新创业教育的根基扎实与否，直接决定了创新创业的成败。创新创业归属于创新实践，并在此框架范畴内研究创新创业活动，特别是高科技的创新创业活动；而开展创新教育的成效，通过其培养的人才在未来的创业实践中取得的成果来体现。创新教育和创业教育，一个注重对人的素质发展总体的把握，另一个注重如何培养具有开创性的人和如何实现人生的自我价值。二者在内容本质上是不可割裂的教育理念，是密不可分的辩证统一关系。创新创业教育既包括培养受教育者创业精神与创业技能的训练和实践，还包括创新精神和创新能力的培养等。作为一种新的教育思潮，创新创业教育应该是一个统一的系统。大学生是高校创新创业教育主要任务与内容的承载者，在高校教育理论与实践研究中，应该日益关注和重视大学生创新意识和创业精神的培养与提升。

（五）有利于营造创新创业的社会环境与文化氛围

一个企业的创办与顺利运转，与拥有完善的社会环境和文化氛围是密不可分的，而营造这种环境和氛围，又都与政府等职能部门的重视程度与管理效能息息相关。首先，政府要提供政策支持和资金支持。通过国外的创新创业教育实践不难看出，在创新创业教育方面走在世界前列的国家，都投入了巨额费用来支持创新创业教育，在全民综合教育体系中融入了创新创业教育，并将其作为国民教育的重要内容；都提供了完善的政策来支持与保障创新创业教育，以此来鼓励和吸引更多企业参与创新创业教育活动。其次，要弘扬创新文化，规范市场行为，培育创业文化。政府的首要任务是规范市场行为，为弘扬创新文化营造一个良好的氛围，这样才能真正构建开放自主、激励创新、勇于创业、公平竞争、规则完善、有序运转的市场体系，才能确保所有的市场主体在其经济环境中，依据市场经济运作规律去发展。

（六）有利于缓解就业难的社会问题

加大力度发展创新创业教育，是缓解大学生就业之忧的有力保障。以创业来带动和促进就业，已成为各国教育理念的共鸣。在转变经济发展方式与金融危机冲击的背景下，提高人才质量已经是我国高等教育的重中之重。如何提高教育质量，已成为高等教育的一项重要课题。

第二节 “互联网+”时代创新创业的影响因素

当前中国经济和社会发展正处于深刻调整期，大学生创业面临着严峻的形势，主要表现在以下五方面：一是自主创业环境不理想；二是缺乏获取启动资金的机会；三是大学生创业能力有待提高；四是家庭社会支持力度不够；五是缺乏可操作性的项目。

对大学生而言，创业不仅是为了解决个人生计，更是为了实现自己的理想。大学生创业是目前解决就业困难的一条重要途径，也是其实现人生自我价值的一条重要途径。大学生正处在从理论到实践、从求知到创业的重要转折时期，大学生科技创新、自主创业越来越成为人们关注的话题，对个人及社会都产生了深远而积极的影响。然而，自主创业是一项极具挑战性的社会活动，是对创业者自身智慧、能力、气魄、胆识的全方位考验。除了个人素质和能力会影响创业，家庭、学校、社会及亲戚朋友等因素都会影响大学生自主创业。大学生创业的影响因素主要分为四类：学生的个人背景、个人特质、创业综合素质及创业环境。

一、个人背景对大学生创业的影响

个体价值观的形成与个人背景息息相关，大学生创业价值观的形成也是如此。每个个体都会从生物人经社会化后逐步成为社会人，这是一个漫长的过程。在社会化期间，个体通过对自身外在环境的接触，不断接收来自外来环境的各种信息。每个个体从出生开始，首先接触到的是家庭及家庭周围的社会环境，包括人文地理、风土习俗等。每个家庭的构成、社会关系、经济情况是不同的。在整个漫长的社会化过程中，不同个体所接触的外部环境不一样，加之家庭对其后天的教育也不尽相同，就决定了不同个体会形成不同的价值观。价值观随着个体差异的出现而不断变化，随着年龄的增长，不断地与不同社会群体接触、教育程度逐步加深等，个人会对外在环境形成不同的评价。由于大学生存在专业的区分及学历的差别，且这些差别经过个体大脑的加工形成了不同的观念，使得大学生的价值观存在显著差异。这些价值观方面的个体差异包括两个方面：一方面是对自身的价值定位（即个人价值），包括对物质财富的评价与追求、对个人需要的定位与满足、对社会关系的认知与建立、对个人权力与欲望的追求、对个人成就的渴望、对社会地位的向往、对社会认同的期待、对个体思想的验证追求等；另一方面是个人的社会价值定位，这些包括个体对他人、国家、社会等的付出意愿。

大学生的性别、年龄、专业、学历、经验、个人特长、家庭出身、家庭成员、从业结构等个人背景因素对创业都有着不同程度的影响，主要表现在创业态度、创业意愿等方面。

二、个人特质对大学生创业的影响

早期研究中，创业者被认定为拥有一组特定的个人特质，创业行为由创业者的个人特质所驱动。成功创业的特质体现在十四个方面：积极主动、执着、注重效率、关心质量、预测风险、有独创的解决问题的方法、发现和利用机会、有说服力、亲自寻找信息、系统的计划、履行合同、有决断力、有信心、使用有影响的策略。斯蒂沃特在研究和验证创业目标和个性特征关系时，指出有不同创业动机水平的大学生在个人特质方面存在着较为明显的差异。

三、创业综合素质对大学生创业的影响

大学生的创业综合素质是指大学生在创业活动中所呈现出来的一种综合的胜任能力，包括创业意识、创业精神、创业知识、创业能力和创造性思维五大部分。

（一）创业意识

创业意识是指创业者根据自身和社会的发展需要而引发的创业动机或愿望。创业意识是市场经济的法律规范、主体市场的预测分析在思维意识中形成的价值追求，是一个创业者素质中最为核心的要素。创业意识是提高其创业认识、进一步提高创业素质的思想前提，是创业活动过程中的内在精神动力。大学生创业应该具有强烈的事业心，以及追求卓越、重视效益的态度和及时掌握信息的能力。

（二）创业精神

创业精神是指创业者主观世界中具有开创事业的品质和意志力。创业是一个较为复杂和特殊的过程，在此过程中，需要创业者时刻保持创业热情，树立坚定的必胜信念，保持高度的责任心。也就是说，创业的大学生需要具备高度的社会责任感和诚信的优良品质。此外，良好的心理素质、合作精神、冒险精神和竞争意识也是创业精神中不可缺少的。

（三）创业知识

创业知识主要包括两个方面：一方面是创业的基础知识，主要体现在商业知识、市场运作、法律法规等方面；另一方面是需要掌握的专业知识，主要是指大学生在校期间所学的专业课程知识。

（四）创业能力

创业能力是一种决定创业能否成功的关键因素，主要表现在能否在创业过程中恰到好处地运用所拥有的知识解决具体问题的能力。创业能力是个人综合能力的一种体现，在创业过程中发挥着不可替代的作用，在一定程度上决定着事业能否持续扩大与发展。创业能力是创业者各方面能力的综合，包括学习能力、沟通能力、领导能力及决策能力等。

（五）创造性思维

创造性思维是创业者应具备的一种重要素质，它能指导创业者运用创造性的方式、方法解决所面临的难题或者筹划未来发展。创造性思维主要包括系统思维、发散思维、创新性思维和逆向思维等。另外，大学生的创业活动与外在的宏观经济环境有着密切的关系。宏观环境主要包括政府的支持政策与倾向、当地的经济发展水平和生活水平，以及生态环境、信息环境、市场环境、技术环境、创新文化、相关行业发展状况等。

四、创业环境对大学生创业的影响

大学生创业环境可分为两个方面，即软环境和硬环境。软环境是指国家给大学毕业生提供的创业相关的优惠政策法规和措施。硬环境是指大学毕业生从风险投资机构所能获得的创业支持。国家政策和法律对大学生创业的支持，是构成创业动力的政治基础。

（一）教育环境的影响

高校拥有大量的无形资产，巨大的无形资产优势与品牌效应也为企业的快速发展奠定了基础。高校本身的信誉度较高，在市场运作中，其产品更容易被客户认可，产生品牌效应。大学科技园在形成技术创新和技术转移平台，以及培育创新环境、培养创业人才、孵化科技企业、推进技术转移等方面，对推进高新科技企业的发展起着重要作用。

大学生创业的发展离不开具有创新创业能力和精神的人才，培养具有创新创业能力的一流人才，是高等教育承担的重大历史责任，也是高等教育发展的一个巨大契机。高校的创新创业教育会直接影响大学生的创业效应。创新创业教育包括创业技能教育和创业精神教育。高校通过开设具体技能课程，提高大学生的创业成功率。我国开展创新创业教育起步晚，近几年随着大学生就业压力的不断增加，许多高校在鼓励其毕业生创业的同时，也提供了一些必要的创新创业教育服务。

过去，我国长期实施应试教育，学生的个性发展受到一定程度的限制，导致创新创业意识缺乏，观念也以求稳为主，因此实施创业技能教育和精神教育相结合的教育方式，能够使我国大学生创业走得更远。为此，我国高校必须尽快地、大胆地进行教育的改革创新，以便为社会不断地输送具有创造性思维和创新能力的各种人才。创新创业教育的本质是提高大学生的创新创业素质，帮助大学生了解什么是创新创业、如何创新创业、怎样创新创业。创新创业教育的非功利性应体现为揭示创业的一般规律，传承创业的基本原理与方法，培养学生的企业家素质，而不是以岗位职业培训为内涵，或以企业家速成为目标。

创新创业教育是结合专业教育传授创新创业知识，培养大学生的创新创业能力和创新创业品质，使其毕业后大胆走向社会，实现自主创新创业和自我发展的教育。因此，必须建立符合创新创业人才培养的完整教学体系和管理体系。

（二）社会环境的影响

影响大学生创业的社会环境因素有两个方面：一是社会为大学生提供的创业硬软件环境；二是大学生创业的社会舆论。对大学生自主创业来说，“硬”的社会环境主要是指风险投资机构对大学生创业项目的关注和扶持；“软”的社会环境是指与大学生自主创业相关的政策环境、法律环境、商业环境。整个社会对大学生自主创业的看法，不但会影响大学生择业，而且会影响大学生自主创业。

从大学生创业选定的行业来说，与社会、政府对个体支持的影响相比较，行业发展空间与大学生创业有直接的关系，行业发展空间的大小与大学生创业的意愿和创业成功与否成正相关关系。

（三）家庭环境的影响

大学生的个性特征及背景与家庭环境有着密不可分的关系，不同家庭环境中的子女，在世界观、人生观、价值观及性格和爱好等方面都存在较大的差异。创业者的亲戚是否拥有自己的公司，对大学生创业会产生不同程度的影响；家庭成员或者大学生社会交际圈内的人员的创业经历，可能对其创业态度和动机产生直接影响；亲戚朋友的交际圈中有正在创业的或有创业成功经历的人，也会对大学生的独立判断力、职业生涯的发展规划起到积极的引导作用，在一定程度上推动大学生参与创新创业。此外，家庭对大学生创业支持与否，在某种程度上也是影响大学生能否走上创业之路的关键因素。

提倡和鼓励大学生创业，是提高大学生能力素质和心理素质的一条有效途径，它能够给平时“一心只读圣贤书”的大学生提供一个直接接触社会的机会，对其开阔视野和提高创新能力都是十分有益的。另外，创业过程中的共同合作，能够增强大学生的团队协作精神。大学生往往对新发明、新创造充满好奇心，对高新科技具有敏锐的触觉及强烈的开拓进取意识，而这些正是加速科技成果市场化进程中不可缺少的。同时，大学生创业能有力地促进创新创业教育的改革和发展。

第三节 “互联网＋”时代创新创业的路径选择

一、大学生创新创业路径培育

在经济社会转型升级的关键时刻，在创新创业成为一种社会需求的今天，大学生创业是大势所趋，也是社会发展的现实需要。

（一）大学生创业的现实需求

第一，大学生创业是经济平稳转型的形势所需。我国正处于经济社会转型发展的重要时期，创新型人才的缺乏使得企业的转型尤为艰难，而创新创业教育尤其是高校的创新创业教育是培养高技能创新型人才的有力保障和重要平台。因此，高校应该顺势而为，积极适应市场要求，主动求变，培养出具有区域特色的创新创业高技能人才，让更多的大学生愿意创业、敢于创业、乐于创业、崇尚创业，形成创新创业的良好氛围。纵观发达国家，创业已成为一种潮流，成为社会经济快速发展的不竭动力，创新创业教育无疑成为解决就业问题、增强国家经济实力的一个良策。

第二，高校创新创业教育已成为高等教育改革的必然趋势。社会对创新创业人才的渴求，必将推动高等教育改革加速进行。高等教育改革将成为一种势不可挡的趋势，创新创业教育也成为高等教育改革的必然选择和有力突破口。

第三，创新创业成为大学生自我发展的需要。大学生是国家的栋梁、国家的希望，具有强烈的责任心，是知识密集型群体，他们对自我价值的实现比一般人更强烈，渴望实现自身的全面发展，为国家建设发展做出自己应有的贡献，而创新创业就是其实现人生价值的最好舞台。通过创新创业，大学生可以把自身的聪明才智很好地展示出来，为社会创造出更多价值，并在实现社会价值的同时实现人生价值，以自己的创业带动更多的人就业，帮助更多的人实现就业，从而促进社会的和谐稳定发展。

（二）互联网环境下大学生创新创业路径培育

目前，互联网技术的飞速发展已经影响到人们生活的各个角落，它对高等教育的影响不言而喻。在教育改革的呼声越来越高的背景下，构建基于“互联网＋”技术的高校创新创业教育体系意义重大。

第一，基于“互联网＋”技术构建创新创业课程体系。创新创业教育课程是提升大学生创业知识、传授创新创业教育理念的主要载体和依托。高校要根据大学生的特点和需要，利用“互联网＋”技术，构建立体式、全天候、高覆盖的自助课程体系。例如，开发专门的创新创业教育网站，涵盖创业经典故事、创业网络课堂等，且上网的次数和时间可以折算成课时和学分；制作“碎片式”手机APP移动创业课堂，给予一定的流量补贴，激励大学生随时随地学习创业课程；建立校方创业微信群，让创业者的问题随时得到解答；建立创新创业教育大讲堂，定期举办活动，逐渐办成有影响力的品牌课堂；等等。

第二，发挥“互联网＋”优势构建创业文化体系。高校要结合大学生的特点成立创新创业教育社团，并以此为依托，不断加大人、财、物的投入，大力开展创新创业教育活动，形成较有影响力的品牌活动，营造良好的创新创业教育氛围。在学报专刊、校报校刊、校园广播、橱窗板报、校园文化长廊、网络等各种媒体上开辟创业宣传阵地，对创业文化和成功创业事迹进行大力宣传弘扬，加大对大学生成功创业典型的表彰和奖励力度，以此全方位增强他们的创业意识。浓厚的创新创业教育文化氛围，能在潜移默化中使大学生的创业知识得到增加、创业意识得到增强、创业意愿得到提升，从而增加大学生创业的内在驱动力，促使其将自身理想和专业技能有机结合，最终成功创业。

第三，发挥“互联网＋”优势为大学生提供资讯服务。在互联网技术突飞猛进的今天，不能较好地利用互联网技术，将失去主动权。大学生是互联网的主流消费者，高校可以开发相关的APP手机客户端，及时推送有关创业知识和创业讲座信息等，让大学生时时接受创新创业教育的熏陶，感受创业的魅力；建立网上创业答疑系统，随时解答大学生的提问；建立本校的创业微信群，让有志于创业的大学生能够充分交流沟通，实现信息共享；加大投入，建立企业家与大学生互动交流的平台系统，让企业家与大学生能实现实时互动，帮助大学生通过平台找到合适的企业进行创业实习；等等。

第四，基于“互联网+”技术构建创业实践体系。创业是一种实践性很强的活动，高校要利用“互联网+”技术设置一系列创业实践活动，改变传统的实践方式。例如，构建线上线下创业实践平台，实现网上模拟创业；利用“互联网+”技术建立网上大学生创业园，组建大学生创业公司，进行线上线下实战经营；建立远程创业视频系统，与创新创业教育专家和创业成功人士互动交流；等等。

第五，以“互联网+”技术为支撑构建创新创业教育评价体系。实证研究表明，创业综合素质、创业能力、创业大学生的数量这三方面的指标不能全面反映创新创业教育的实际状况，为更好地确定创新创业教育实施的情况和最终效果，需利用“互联网+”技术建立以创业率、创业成功率、创新创业教育影响力等因素为核心指标的创新创业教育评价体系；建立相关模型，用大数据分析法得出科学结论，以推进创新创业教育健康持续发展。

二、大学生创新创业的模式路径

（一）大学生创新创业模式

因为大学生创业者在创业实践中会不断地从变动的市场环境中学习和模仿，所以创新创业模式是一个伴随其学习曲线和外部环境变迁而不断演化的过程，必须从动态和演进的视角进行审视。大学生创业创新模式的动态演化过程强调内在资源禀赋、内部创造力与外部机会、外部资源的不断优化重组，不同类型的初创模式具有不同的特征和资源能力，因而其各自的演化和成长路径也不同。

（二）学生组织拓展大学生创业路径

高校学生组织在对大学生进行引导、教育、管理时，需要充分发挥大学生自身的优势，从而更好地服务于大学生的创新创业活动，为创新人才创造健康的外部环境，利用新思维和新技术培养大学生的创新思维、创新能力及创新精神。

1. 各类学生组织促进大学生创新创业的重要性和可行性

开展促进大学生创新创业活动，可以充分发挥高校基层学生组织自身优势，结合党和政府对大学生的期望、社会对人才的需要、大学生自身的需求，推动经济、社会与个人的共同发展；也能通过鼓励创新创业促进就业，缓解大学生的就业压力，提高就业率；还能提高大学生的综合能力，尤其是创新能力，促进创新型人才的培养。此外，对学生组织来说，这也能巩固青年群众基础，获得大学生的拥护，从而提升自身凝聚力和核心竞争力。

高校学生组织在加强自身组织能力建设、拓展职能（包括校园服务职能、社会职能）的同时，能更好地服务于大学生的就业创业活动，为其搭建更好的平台。具体优势包括先进的育人工作理念、科学的学习方法、创新的行为模式、丰富的人脉资源等。高校学生组织除了利用自身便利条件促进大学生自主创业，还可以通过主动探索先进的科教思想、科技产业，增强大学生的创新意识，提高大学生的创新能力，最终促进创新创业活动的高效开展。

2. 各类学生组织能进一步丰富大学生创新创业的路径

高校学生组织应当充分发挥自身优势，挖掘潜力，竭尽所能为大学生创新创业提供服务。高校基层学生组织应当结合高校的高等教育规律、学校的人才培养工作、学生成长成才的内在需求及自身特点，为大学生提供更好的环境和条件，促使大学生想去创业、敢于创业、有能力创业、能成功创业。具体而言，基层学生组织可以从以下五个方面促进大学生创新创业。

一是在充分发挥思想政治优势的基础上，激发大学生的创新创业活力。高校基层学生组织有较强的政治性和思想性，其作为高校学生的领导者和组织者，在青年思想政治工作开展和优秀青年培养工作上有丰富的经验和优良的传统，这也决定了基层学生组织应当把思想政治教育工作作为其首要职责。

二是充分利用各类学生组织覆盖广的优势，积极引导大学生创新创业。学生组织本身有较为完备的组织体系，所覆盖的层面很广泛，整个组织架构也很清晰，不管是纵向上从校学生会到院学生会再到各个班级，还是横向上各个独立的学生支部之间、院学生会之间，都是紧密联系的。这种组织结构使得学生工作的开展更为方便、快捷，能更好地了解并满足大学生的需求，更好地为其服务。

三是利用各类学生组织的文化阵地优势，提升大学生的创新创业素养。要想提升大学生的创新创业素养，需要将新时期青年人的特征与学生组织的文化特征相结合。实际上，学生组织作为一个敢于突破传统、追求创新精神的先进组织，通过文化阵地的优势，能较好地处理好这一关系，更好地为大学生的创新创业活动服务。

四是充分利用各类学生组织作为载体平台的优势，增强大学生的创新创业能力。利用学生组织的平台优势，主要是通过充分利用学生组织的校内资源，创建创业平台，举办创新创业教育和实践活动，以此增强大学生的创新创业意识，提升其创新创业能力和综合素质，降低创业的风险。要锻炼大学生的创业能力，需要先做好素质拓展计划和拓展训练。针对目前部分大学生存在的不能吃苦、眼高手低、缺乏社会经验、缺乏合作意识等问题，学生组织可以通过组织各类社会实践和志愿活动，积极开展素质拓展活动，提升大学生的动手能力、社会责任感、社会经验和创新能力。

五是充分利用各类学生组织的社会资源，为大学生搭建创业平台。学生组织因其广泛的组织体系而拥有丰富的资源，包括人力资源和资金资源。此外，因学生组织的工作范围较广而社会化运作机制凸显，也为学生组织带来丰富的社会资源。学生组织应当充分利用这类资源为大学生创新创业活动搭建桥梁，推动大学生创新创业与社会企业共同发展，实现互利共赢。对大学生而言，能有更好的机会提升自身的组织能力、管理能力，积累创业经验；对社会企业来说，能引进更多的先进人才，促进合作。在这一过程中，学生组织主要起到桥梁的作用，其向大学生主要提供的是校友资源和资金来源。

（三）政府支持下的大学生创新创业路径

创新创业对于促进国家经济发展、促进就业具有积极作用。高校必须与工商业界建立更加密切的联系，把服务社会作为学校的重要职能，通过专利转让、创办科学园、合作研究项目等多种形式为社会经济与科技发展服务。

1. 倡导创新创业精神，营造全社会尊重和包容创新创业的舆论氛围

受一些传统文化思想的束缚，过去，社会中普遍存在着创业惰性，加之创新创业教育的缺失，使许多大学毕业生不敢创业、不愿创业、不会创业、不能创业，严重影响了大学生创新创业的积极性。因此，政府既要积极创造条件鼓励大学生立足现有岗位创业，又要积极营造有利于大学生创新创业的良好社会舆论环境，广泛宣传大学生身边的创新创业典型事迹和经验，将其作为大学生创新创业教育的“活教材”，使每个人都为创业而感动、思考，引导大学生转变择业观念，增强自主创新创业意识。

2. 加强制度创新，增强对创新创业教育的宏观指导和行政推动

在高校创新创业教育体系中，国家在高等教育方面的指导思想、政策导向、管理取向，对高校创新创业教育的深化具有主导作用。当前，在构建与实施高校创新创业教育体系、进一步深化高校创新创业教育的进程中，国家及教育行政部门应进行宏观指导和行政推动。创新创业教育也应从娃娃抓起，着重培养青少年的创业意识，到了职业教育和高等教育阶段，主要培养学生的创业素质和创业能力，并把创新创业教育纳入国民教育体系、国家教育发展规划、教育振兴行动计划、素质教育和职业生涯发展教育。

3. 加大扶持力度，优化大学生创新创业的政策环境和法治环境

政府各部门要积极思考如何更好地为大学生接受创新创业教育、开展创新创业实践提供有效服务和政策支持。需要特别指出的是，在制定大学生创新创业政策时，要从实际出发。大学生是国家的未来，他们身上寄托着社会的创业理想，因此对他们要特别关爱，在政策制定或调整时要更切实、更优惠。同时，政府应进一步完善大学生创新创业的支持、引导和服务措施及工作机制，清除一切限制创新创业的体制性障碍，营造良好的法治环境。

4. 搭建创业平台，完善大学生创新创业的社会配套体系

目前，我国创新创业教育的研究还主要局限在教育系统特别是高校内部，社会各界对创新创业教育的认识还很有限，高校有“孤军作战”之感。在搭建创业平台、建立与完善大学生创新创业的社会配套体系方面，政府应发挥重要的主导和协调作用。第一，要形成以政府为主导、高校为主体、企业为支撑、全社会配合与家庭支持的“五位一体”的创新创业教育新格局；第二，在政府的积极鼓励和扶持下，建立若干创新创业教育非营利性第三者组织，为高校创新创业教育提供非政府支持，分担高校创新创业教育的工作压力；第三，积极扶植大学生创新创业的中介机构，在创办企业、产品开发、科研成果转化中寻求相关企业、资金支持，以及在法律、政策咨询等多方面为大学生创新创业架通桥梁、搭建平台。

第四节　“互联网＋”环境下的创新创业机会、风险及商业模式

一、“互联网＋”环境下的创新创业机会

“互联网＋”时代的到来，逐步推动着新知识、新技术的应用和普及，使各行各业与互联网的联系日趋紧密。基于“互联网＋”的创新项目更是层出不穷，时下流行的众创、众筹、众扶等模式正在依托互联网平台而不断壮大，吸引着越来越多的创业者加入。“互联网＋”蕴藏着巨大的、无尽的创业机会。在“互联网＋”大背景下，运用互联网思维和互联网精神来找准并果断抓住创新创业机会，是创业者实现成功的必备要素。

（一）“互联网 +”背景下创新创业机会呈现的新变化

“互联网 +”融入各个行业并作为一种新的经济形态出现，是新一轮技术革命的产物。“互联网 +”行动的提出和实施顺应了当前社会经济发展的客观要求，也将成为拉动经济社会发展的重要引擎。“互联网 + 创业”以成本小、门槛低而吸引着众多创业者加入，“互联网 +”背景下，影响创新创业机会识别的市场因素、政策法规因素、技术知识因素都在发生着变化。创业者在识别创新创业机会的过程中，首先要把握这些因素的变化，进而以互联网思维对创新创业机会进行深入挖掘，找准创新创业需求，识别新生的创新创业机会。

1.“互联网 +”背景下相关产业变化

“互联网 +”把相关的企业、产业和生产者、创业者连接起来，共同融进“互联网 +”的空间。对于传统产业来说，互联网成为进行产业升级的新方法。随着互联网技术的深入发展，由此带来的新兴行业也迅速地成长起来。“互联网 +”降低了创新创业成本，促进了产业的发展，优化了市场资源配置，这些无疑对创业者识别创业机会及从事创业产生了深远影响。

“互联网 +”的宏观背景有利于实现传统产业的转型升级，进而提供更为丰富的创业机会。随着我国经济社会发展进入新常态，传统产业面临着产能过剩、布局不合理等问题，传统产业出现的产品滞销、产品价格暴跌等情况，需要找到切实可行的突破路径。而“互联网 +”的出现和快速发展，无疑给传统产业的转型升级带来了良好的发展契机。创业者可以利用移动互联网，实现传统产业产品的网上推销和销售，扩展传统产品的销售渠道，颠覆传统产品的销售模式，实现“传统与现代”的有机结合。创业者在创新创业过程中要充分利用移动互联网终端等电商平台的积极作用，实现传统产业产品的线上营销与服务，达到资源的最优化利用。

2.“互联网 +”背景下市场供求关系的变化

“互联网 +”在推动传统产业转型升级和新兴产业出现的同时，使得市场因素发生了新的变化，消费者的消费结构日趋多样化、市场资源配置得到优化等都可以为创业者提供相应的创新创业机会。

“互联网 +”背景下日趋多样化的经营模式，也推进着消费者消费结构的变化，使互联网消费成为一种新型消费方式。同时，随着经济结构的调整，我国的消费结构正处于转型升级的阶段，居民消费正在由生存型向发展型消费升级、由物质型向服务型消费升级、由传统型向创新型消费升级，并且这一升级的趋势正在加速，消费者的需求将进一步扩大。这一消费结构的转变，无疑也会给创业者的创新创业带来更多的机会。随着居民消费水平的提高和日趋多元化，消费者的消费不再仅仅局限于生存资料上的消费，创业者在机会识别过程中需要关注这一消费结构的变化。

3.“互联网＋”背景下知识技术的进步

技术的应用和创新是“互联网＋”时代的显著特征，知识技术的进步是“互联网＋”计划得以实现的技术保障。当前，创业者可以利用的技术资源越来越多，操作也越来越便捷，这些为“互联网＋”背景下的创业者进行创新创业提供了更多的机会。“互联网＋”在产业的升级转型中发挥着技术支持的作用，依托“互联网＋”的相关行业也相继出现，有力地拓展了产品市场，打破了传统行业的时空限制，突破了传统创业过程中的诸多瓶颈，因此带来了更多的创业机会。“互联网＋”技术所具有的强大的信息处理能力，使信息的传递模式和获取方式更加简易化，这无疑为创业者进行信息收集和处理提供了便捷。同时，随着大数据、云计算、云服务、物联网等相关技术的广泛应用，依托“互联网＋”技术的开发与服务，具备了更大的发展空间，并以此带来了相关市场的迅速成长与扩大，这必将增加创新创业机会。

4.“互联网＋”背景下政策法规的推动

随着“互联网＋”计划的推广，国家和政府提出了“大众创业、万众创新”及一系列鼓励和促进战略性新兴产业发展的相关政策。同时，地方政府也以此为指导出台了相应的配套鼓励政策，通过创新体制机制、扩大创业投资、优惠减免税收、提供贷款支持、建立和发展创业孵化器、建立产业技术园等方式支持创新创业活动。这些都为创业者提供了更加优质的创业环境和创业机会，扩展了创业者进行创新创业所必需的工作空间、社交空间和资源共享空间。

（二）“互联网＋”背景下创新创业机会的新特征

1. 创新性

创新是促进社会发展的内驱动力，也是创业者进行创新创业所必备的要素之一。互联网具有的去中介化、平等化的特征，有效地淡化了创业者的关系背景，打破了传统意义上的行业垄断，使创业机会更公平、更合理。创新是对传统的突破甚至是颠覆，“互联网＋”的时代背景为创业者的创新突破提供了更多的可能性，创新性的高低也成为衡量创业者创业成功的重要标志。

创业的过程在一定程度上来说就是一个创新的过程，特别是在越来越重视创新性发展的“互联网＋”的宏观背景之下。创业者在创业过程中只有关注到创新的重要意义并将此特征贯穿到创业的全过程，才能发现有价值的创业机会，创业的过程才具备一定的社会效益。

2. 时机性

互联网在推动信息整合与交流、技术发展的同时，也使得创业机会更加瞬息万变。创业者的一个创意如果未能及时地加以实践，很有可能被其他创业者捷足先登或者过时。这就需要创业者以很强的洞察力和敏锐性去发觉创业机会，在仔细评价创业机会后及时地抓住创业机会，并付诸实践。同时，创业者应该认识到，“互联网＋”背景下的创业机会稍纵即逝，由于信息资源的多样化和复杂性，机会对于每名创业者而言并不是绝对平等的，因此要果断地抓住时机。

3. 个性化

“互联网＋”时期的创新创业活动更具个性化特征，主要是因为创业者可以依据“互联网＋”所提供的大数据，在准确把握消费者广泛需求的基础上，关注消费者的个性化需求，并针对个别消费者的个性化需求展开相应的创业活动。“互联网＋”能够把原本相对孤立的产业通过技术手段联系起来，通过大数据来完成行业间信息的处理和交换，能够实现对目标消费群体的深度分析，包括不同行业、不同年龄段、不同性别、不同职业的消费者群体和消费者个体的消费偏向，进而为消费者提供更为精细化的产品或服务。“互联网＋”背景下消费者消费结构的多样化要求创业者关注不同消费者的消费倾向，进而有针对性地开展创业活动。这使创业者在细化分析市场的基础上，能够充分挖掘他人未能识别的创业机会。

4. 风险性

任何一项创新创业活动都带有一定的风险性，在“互联网＋”的背景下更是如此。尽管“互联网＋”领域的创新创业机会众多，但是创业的成功绝对不是偶然的或者是随机发生的。创业机会在识别过程中本身就有一定的不确定性，在“互联网＋”的背景下更是如此。同时，“互联网＋”背景下的创新创业会受到时效性的影响，创业者若是敏锐性不够或者未能敏锐地察觉到市场的变化和同行业竞争者之间的竞争，往往会出现盲目跟风的情况。创业者需要系统地调查分析目标消费者的需求和心理选择偏好，做好市场预期调查，从产品和市场的相互关系中找准市场的盲点，结合“互联网＋”所具备的优势，及时调整产品或服务策略，进而保持较好的消费者黏性。

2. 复杂性

“互联网+”创新创业模式的风险更加复杂多变。创新创业具有高度的情境依赖性，不同情境导致创新创业活动性质、过程和结果呈现出多样性和独特性。“互联网+”是互联网和传统行业的有机融合。一是互联网与传统行业两个领域的因素是多样的，创新创业风险来源复杂多样。创业者既要承担网络环境的创新创业风险，也要承担传统行业本身无法避免的风险。二是“互联网+”背景下的创新创业范围更加广泛，针对不同领域的融合，风险各有侧重，形成了不同阶段不同程度的创新创业风险。

3. 转化性

“互联网+”为创新创业提供了更加便捷、开放的环境，因而创新创业风险更加容易相互转化。在一定条件下，风险可以实现转移、分散、预防、消退和强化等转化过程。互联网具有“即刻传播”的特性，容易加快不同创新创业风险之间的转化速度。市场波动波及互联网机构，将会加剧资金缺失，在生产流通渠道、企业偿付能力等方面产生问题，从而使信用风险增加。当破产严重导致负债时，法律风险也有可能迅速增加。同时，这些风险信息会通过网络快速传递给投资者，引发集中、大规模的赎回现象，使流动性风险随之上升。因而，互联网的开放性、便捷性，尤其是在“互联网+”背景下，在一定程度上增加了创新创业风险转化的可能性。

4. 可控性

创新创业的互联网化是“互联网+”创业的显著特征。一方面，随着云计算、物联网、大数据等新一代信息技术与现代制造业、生产性服务业等的融合创新，互联网的技术优势极大地提升，大数据提供了超出传统数据库能力的数据群，云计算也提供了对大数据进行处理的虚拟化资源计算方式，这些都有助于提高风险识别、风险评估和风险应对的科学性、准确性。另一方面，创业者或创业团队通过互联网技术能够主动地把握创新创业进程，特别是在“互联网+”背景下，宏观上凸显“互联网+”创新创业风险的可控性，从而利于从微观上利用切实可行的措施进行操作。

（二）“互联网+”环境下创新创业风险的类型

随着“互联网+”的飞速发展，网络空间的信息流、资金流与现实空间的物流、人流紧密联系起来。按照风险来源的主客观性标准，“互联网+”环境下创新创业风险分为主观风险和客观风险。主观风险主要是指由创新创业主体因素所造成损失的可能性，主要包括主体特性风险、信用风险、管理安全风险。客观风险是指由“互联网 +”背景下的客观因素所造成损失的可能性，主要包括信息安全风险、信用风险、融资风险及管理风险。以下重点介绍客观风险。

1. 信息安全风险

科学技术是一把双刃剑，互联网、移动技术所引发的信息安全问题与其带来的价值同样引人注目。随着互联网技术的发展，信息传播的环境逐步被拓宽，信息传播、接收和反馈也更加快速。互联网具有虚拟性，在一定程度上使信息的可靠性和安全性也随之受到影响。若缺乏完善的信息披露和严格的信息保护机制，很容易引发信息安全风险事件。其一，系统性安全风险。计算机软件系统、网络技术、数据处理等会直接影响互联网理财平台的运行。其二，技术选择风险。从技术角度而言，互联网机构采用的技术解决方案存在不同程度的缺陷，在互联网复杂的技术背景下，容易引发信息安全风险，从而形成技术选择风险。

2. 信用风险

信用风险，也称为违约风险，主要出现在金融领域，是在市场交易中未能按照约定而造成的经济损失风险。简而言之，就是约定双方预期收益和实际收益发生偏离的可能性。以众筹项目为例，筹集资金是众筹项目的基础，众筹模式也为创业者提供了成本比较低廉、手续比较便捷的融资途径，使其避免融资信息不对称、交易成本较高等限制性因素。众筹模式虽然起步较晚，但发展迅速。在快速发展的同时，众筹模式的各种风险也日益显现出来。项目的风险评估、募集金额、信息披露基本上由众筹平台决定，项目上线与否存在较大弹性的操作空间，尤其是在“互联网 +”背景下，信用体系并不完善，互联网环境的相关法律尚不健全，极易产生不同程度的信用风险，从而影响创新创业的时效性。

3. 融资风险

融资是创业者在创新创业过程中必经的重要环节，指的是创业者根据自身的生产状况、发展规划，通过一定的渠道去筹集资金来保证创业活动正常进行的一种经济行为，即创业者筹集资金的行为和过程。在“互联网 +”背景下，融资模式和平台也在不断创新和拓展，但融资风险仍然不可避免。“互联网 +”创新创业的成本相对降低，但创业者或创业团队面临的首要问题仍是资金。充足的资金是企业创建和运营的前提和基础。创业之初，诸如亏损或是资金链断裂等原因，将导致企业遭遇巨大的危机。很多企业在初创阶段，资金匮乏，极大地阻碍了业务开展，乃至丧失极佳的发展时机，最终濒临破产。因此，创业者和创业团队要能够结合“互联网+”背景，正确认识、合理评估融资风险，提升融资的科学性，促进企业良好运转。

4. 管理风险

管理风险主要是指因资源管理失当而导致的威胁创新创业企业运营的风险。创业主体是创业活动的主导和核心力量，是信息、资金、人员等创新创业资源的组织者和管理者。若信息、资金、人员等资源出现管理失当，企业将存在管理风险。具体来说，一方面是信息技术管理安全存在漏洞，即在云计算、物联网、大数据为代表的新一代信息技术与现代制造业、生产性服务业等的融合创新过程中，创业项目容易发生线上信息窃取、篡改、泄露等问题；另一方面是资金管理缺位。

（三）“互联网+”环境下创新创业风险的成因

在创业过程中，机会、团队和资源构成一种倒三角关系，影响着创业的成功与否。在“互联网+”背景下，创新创业风险的成因也是多维度的，具体需要从内部管理失当和外部监管不足两个方面进行分析。

1. 内部管理失当

从内部而言，管理失当是产生创新创业风险的原因。创业者在创新创业过程中，必须通过管理实现各要素的平衡。然而，创业者由于自身的认知偏差与经验不足，容易出现管理不当的问题。

认知偏差是指个体不能正确地认识自身知识的有限性。就创新创业而言，创业者作为管理者，乐观偏见、过度自信等认知偏差正是“有限理性”的表现之一，这对风险感知和管理决策也有一定的阻碍作用。乐观偏见是一种脱离实际的乐观，主要表现为对客观数据进行过高的积极估计，导致个体忽视事情的真实难度，即高估好事件出现的概率、低估坏事件的概率。自信的创业者往往高估个体和组织的实际情况，主观弱化市场、技术、信息等外部因素的变化，忽视决策过程中所存在的不确定性和风险，缺乏有效的风险识别、风险评估及风险应对，影响创业决策的正确性和科学性。

创业者管理经验不足，会限制对创新创业风险的管理。对于初次创业者而言，对创新创业往往缺乏实践，经验也不足。部分创业者或创业团队由于不善于对组织、技术、人才等方面进行科学管理，从而导致在管理方面出现问题。特别是在“互联网+”背景下，企业管理中心激励机制滞后、管理模式有待优化，将不利于激发企业员工的动力，更不利于增强企业人员的凝聚力与向心力，从而将阻碍创新创业的顺利推进。

2. 外部监管不足

互联网环境具有开放性和便捷性的特点，“互联网+”也极大地降低了创新创业的门槛，从而使得监管压力随之增大。

一是对网络环境的监管存在漏洞。一方面，创业融资通过互联网方式提升了技术优势。另一方面，互联网自身的缺点使监管压力加剧，尤其体现在创业融资方面。例如，无论是从平台自律、信息披露、风险控制，还是从投资者教育、监管措施和法律规范而言，互联网众筹的内外部环境均不完善，需要对众筹平台的基本商业模式做出一定限制，通过设立一些约束性指标，防止平台之间恶性竞争。

二是对市场的监管存在漏洞。市场是创新创业过程中的重要变量。根据清华大学中国创业研究中心主办的全球创业观察（GEM）项目的研究成果，市场变化大是中国创业环境方面的重要特征。在“互联网+”背景下，“以人为本”“以用户为中心”显得尤为重要，它能够满足用户需求、赢得市场，成为创新创业成功的法宝。但市场环境瞬息万变，市场竞争也十分激烈，市场本身也具有盲目性、滞后性和自发性的特点，这不仅使创业者难以完全准确把握机会，也增加了市场监管的不确定性和滞后性，从而为创新创业的发展带来一系列的风险。

（四）“互联网+”环境下创新创业风险的防范与控制

控制是基本管理职能之一，是企业管理过程中的关键要素之一，风险控制可以使可控风险因素维持在可以接受的范围内，为组织提供一种调整路线的机制。因此，在“互联网+”推动创新创业逐渐互联网化的背景下，应在传统风险管理的基础上，结合“互联网+”的特点，统筹规划，积极防范风险的发生，控制风险的后果。

1. 提高创业者或创业团队的个人能力

（1）提升创业者或创业团队的风险意识。

风险意识是有效防范风险的前提。所谓风险意识，是指人们对自身环境存在的不确定性，从主观到客观、从抽象到具体的认识和反映。创新创业的长远发展离不开忧患意识，创业者应该能动地认识风险，对项目的潜在风险保持高度警惕，权衡好利弊。但风险意识的形成也不是一蹴而就的。为此，一是要认识和了解风险；二是要在思想和动机的驱使下制定管理风险的政策，采取具体的风险管理措施并形成具体的管理行为。前者是基础，后者是关键。缺乏风险意识的创业者，会产生盲目自信、过度乐观等风险因素。创业者应在端正心态、整合信息的基础上，进一步评估、应对风险。

（2）强化创业者或创业团队的互联网思维。

何为互联网思维？即立足于互联网去思考和解决问题的一种思维模式。首先，尊重客户需求是互联网思维的出发点和落脚点。创新创业是一种针对客户需求，并通过为其提供服务来创造价值的经济活动。那么，客户需求就是影响创业机会、创业实施与管理的关键因素。其次，线上与线下结合是互联网思维的特征。“互联网＋”时代，传统媒体与新媒体不断融合，线上与线下实现对接，不同企业之间实现跨境联合，本土化与全球化有机融合。创业者作为创新、创业主体，通过商业模式创新与创业模式转型相结合，在创新创业过程中获取核心能力和竞争优势，并在市场的浪潮中立足与发展。创业者或创业团队要借助“互联网＋”的平台，创新企业资源、客户价值及盈利模式组合方式，跨界式地打破不同行业、组织内外、有形资产与无形资产之间的壁垒，推动企业关键能力重塑，实现资源整合，发挥出最大效益。因此，利用“互联网＋”进行创新创业，必须将线上与线下相结合。最后，创业者或创业团队要注重贯彻开放、平等、协作、共享的互联网精神，充分运用互联网的优势和特点，实现传统业务与互联网充分融合。互联网既是一种现象，又是一种工具，对于创业者的意识形态和战略决策起着重要作用，既有助于增强创业者在创业风险产生之前对创新创业机会和创新创业风险的感知，也有助于创业者在创新创业风险出现之后及时做出科学的风险决策，从而降低或者规避创新创业风险带来损失的可能性。

（3）培养创业者或创业团队的法治观念。

培养创业者或创业团队的法治观念，主要是强调创业者或创业团队运用法律维护自身的合法权益。一方面，它有利于创业者或创业团队树立创新创业必须符合法律规定的观念。随着社会主义市场经济的飞速发展，国家需要以立法的形式对市场进行规范和调整，并以相应的制度设计维护市场的公平交易。创业者或创业团队在创新创业过程中也会遇到相关的法律问题，这就需要利用法律的维护自身的合法权益。另一方面，它有利于创业者或创业团队提高创新创业的成功率。创新创业本身具有风险性，风险既来自市场，又来自行业的竞争。其中，法律风险也必须重视。进行法治观念的培养，有利于创业者或创业团队增强维权意识，提高预防和解决纠纷的能力，从而提高创新创业的成功率。此外，对创业者或创业团队进行法治观念培养，也有利于规范其创新创业行为，提升其在创新创业过程中的用法能力，从而提升自身竞争力，使创新创业能够规范进行。

2. 加强创新创业团队建设

加强创新创业团队建设，是风险防范与控制的有力支撑。一是要强化团队的专业性。企业管理者必须高度重视风险管理部门的建立，并高度重视这个部门的决策咨询作用。可增设风险管理机构，通过聘请专家担任风险管理经理或者风险管理顾问的形式，为企业管理者的决策提供相关信息。例如，加强法律专家团队建设时，活动重点可围绕政策解读、公司法、合同法、国际贸易、劳动法、财税、知识产权、投融资等领域，通过个体、群体及机构之间交换信息和看法，使企业获取足够数量和质量的风险信息。二是增强团队向心力。在创新创业实施阶段，要构筑以物质激励为基础，以环境激励、目标激励为核心的复合式激励机制。尤其是在“互联网 + ”时代，更应当建立起合理的激励机制，优化企业的文化氛围，极大地增强团队的凝聚力，使团队结构合理化，从而降低因管理导致的创新创业决策失误，为企业的健康发展奠定基础。

3. 完善创新创业监管机制

随着互联网技术的快速发展，云计算、社交网络、大数据和搜索引擎等信息技术逐渐被广泛运用于各个方面。“互联网 + ”应运而生，人才、资金和技术聚集效应增强，与此同时，风险因子也逐渐增多，完善创新创业监管机制显得尤为重要。首先，要健全法律保障机制。法律是保障，“有法可依”有助于优化创新创业环境，规范创新创业行为，从而降低创新创业损失。其次，要完善信用管理机制。一般来说，政府可优化信用体系建设等外部环境，引导、监管创新创业的健康发展。例如，通过建立完备而透明的个人信用认证体系，设置独立、权威的信用评级机构，优化商业化信用评级市场，从而实现信用采集、信用评价、信用追踪、信用保障。最后，要建立风险信息共享机制。共享是互联网的主要特征之一，进行风险信息共享，可极大地方便创业者交流，实现多部门、跨地区信用奖惩联动。信息互联和信息能源的开发是“互联网 + ”的基本特征，在“互联网 + ”背景下，信息资源显得越来越重要，信息之间的流通也变得更加方便快捷。因此，要鼓励风险控制能力强、安全资源丰富的企业率先垂范，积极进行安全创新实践，借助创业类网站、创业投资机构、非营利性资助组织等，依托风控平台和海量数据，为创业主体提供创业信息、资金、人员等支持，从而提高整个行业的风险控制水平，有效强化风险管理能力。

综上所述，由于主观认识的有限性和客观条件的动态易变性，风险客观存在于创新创业的整个过程，不以人的意志为转移。要取得创新创业的成功，创业者或创业团队就需要在创新创业决策与创新创业行为实施过程中加强对创新创业风险的管理。德鲁克指出："成功的创业者不是盲目的风险承担者，他们采用各种方法降低风险。"在"互联网＋"环境下，创新创业风险呈现新的特征，创新创业风险迎来新的机遇和挑战。结合新形势、新特点、新方法，既要提升创业者或创业团队的风险感知、评估及应对能力，也要强化外部环境监管，从而有效降低不确定性，减少风险造成的损失。

三、"互联网＋"环境下的商业模式

商业模式作为一个整体，能够通过对目标市场的定位来掌握顾客需求，从而为顾客创造价值，最终拥有市场，形成竞争优势。因此，研究"互联网＋"环境下的商业模式，就要从其概念界定入手，分析"互联网＋"环境下商业模式的新特征与类别，从而探求"互联网＋"环境给多样化商业模式带来的机遇和挑战。

（一）"互联网＋"环境下商业模式创新

1.“互联网＋”环境下商业模式创新的概念界定

研究"互联网＋"环境下的商业模式创新，首先需要对商业模式创新的概念进行解读。目前对商业模式创新的研究主要是从价值创造的角度进行分析，通过不同的方式实现顾客和企业的价值。结合"互联网＋"的环境与背景，"互联网＋"环境下的商业模式创新，即基于商业环境的变化、新技术的发展需要、市场机会的拉动和竞争的巨大压力等因素，企业可以利用互联网提供的信息技术平台，将互联网同各行各业的具体实际结合起来，达到深度融合，通过互联网的独特优势拓展企业的优势，进而对企业和消费者群体进行价值的再创造，衍生出的新的行业发展模式。商业模式创新本质就是价值的再创造。

2.“互联网＋”环境下商业模式创新的新特征

"互联网＋"环境下商业模式创新具有如下特点。

第一，建构逻辑的充分运用。其主要体现在企业从其战略规划出发，以信息技术和互联网平台为依托，对现有的内外部环境进行层次性分析，以此满足顾客需要，从而依托自身的能力与资源拓展企业发展空间。

第二，无边界拓展原则的凸显。其主要体现在企业通过不同的方式摆脱产权边界的束缚，从扩大利益的角度，以线上和线下的方式与不同利益相关者建立合作关系，以此形成以自己为核心的商业系统。

第三，商业模式创新强调"竞合"。其主要体现为互联网平台对企业竞争优势的拓展，在企业相互合作与竞争的过程中谋求协同共赢和价值分享，从而构建良好的商业生态系统。

此外，“互联网+”环境下的商业模式创新的新特征也要从互联、用户和数据三个方面体现。一是互联为魂。互联网的基因是“三互”，即互联、互享、互动。在“互联网+”环境下的商业模式创新中，企业是一个包含社群组织的大系统，社群组织也随着互联网的发展呈现网络化倾向，如社群间通过微信、QQ等加强联系，从而丰富企业人力资源的储备。二是用户为主。“互联网+”环境下的企业用互联网将用户联结，并以用户为中心，逐步将经营用户的观念作为企业发展的首要任务，同时服务讲求精品极致，创造主体价值。三是数据为源。“互联网+”背景下的企业将数据作为运行的基础，通过数据软件的分析为企业提供切实可行的数据支撑，从而提升企业的经营效益。

（二）“互联网+”环境下商业模式的分类

“互联网+”环境下商业模式创新的核心就是商业模式的互联网化，即借助互联网平台，将企业的商业价值链进行重构。具体来看，“互联网+”环境下商业模式主要分为以下六种模式。

1.“工具+社群+商业”模式

工具，英文为“tool”，即完成工作而需要借助的器具。社群，英文为“community”，即以社会关系为基础的群体集合。随着互联网的飞速发展，媒介技术的进步和文化传播的影响，信息交流也更具便捷性，从而使人们容易根据各自的兴趣或喜好形成不同的社群。同时，互联网借助不同的平台将社群中的不同需求逐步进行优化和完善，从而对价值进行了重组。例如，社交工具微信，根据社交属性将不同的群体聚集在一起，朋友圈的功能完善了微信的社交属性，微信支付、话费充值、小程序等功能则更进一步完善了微信的价值属性。此外，社群内部具有聚合力，能够推动社群的传播。社群外部也因个体的关联对不同情感价值进行传播，从而使不同的社群形成交叉，助推社群的良好运营。

“工具+社群+商业”模式主要分为用户参与的生产模式、品牌社群的营销模式和体验至上的消费模式。用户参与的生产模式强调用户通过社群分享创意、协作生产。品牌社群的营销模式是以实时互动增强消费者对品牌的认同，同时鼓励消费者积极参与，在先社群后品牌的基础上，对品牌进行营销传播。体验至上的消费模式主要以社群对产品功能和使用体验为基础，进而进行情感体验、消费场景体验和生产环节的参与体验。

参考文献

[1] 顾颖,王莉芳. 创新创业新思维与新实践[M]. 西安:西北大学出版社,2020.
[2] 罗星海. 高职创新创业教育“五育”体系研究与实践[M]. 武汉:武汉大学出版社,2021.
[3] 伍海琳,张曼,刘思萌,等. 研学旅行创新创业教育理论与实践[M]. 成都:四川大学出版社,2021.
[4] 蒋雯,张晓芳. 创新创业实践与能力开发[M]. 上海:上海财经大学出版社,2018.
[5] 李春江. 新工科背景下大学生创新创业教育及其融合递进支持体系的探索与实践[M]. 北京:中国纺织出版社,2021.
[6] 丁琰. 地方应用型高校创新创业教育与实践研究[M]. 延吉:延边大学出版社,2018.
[7] 王克. 高校创新创业探究[M]. 北京:北京时代华文书局,2020.
[8] 李明慧. 大学生创新创业理论与技能指导[M]. 成都:四川大学出版社,2021.
[9] 钟志华. 创新创业教育研究[M]. 上海:同济大学出版社,2018.
[10] 朱晓明. 走向数字经济[M]. 上海:上海交通大学出版社,2018.
[11] 经巧平. 大学生创新创业教育理论与实践研究[M]. 北京:中国原子能出版社,2020.
[12] 刘常国,王松涛,宋华杰. 高校创新创业优质教育资源建设与实践研究[M]. 北京:北京工业大学出版社,2020.
[13] 储克森,姚晓峰. 创新创业教育[M]. 北京:机械工业出版社,2020.
[14] 王帆. 推动实践与创新创业能力培养:云南大学实践教学与创新能力培养优秀论文集[M]. 昆明:云南大学出版社,2020.
[15] 梁平. 职业院校创新创业教育研究分析[M]. 天津:天津大学出版社,2020.

［16］ 陈卫东，蔡冰. 高职创新创业教育教程［M］. 成都：电子科技大学出版社，2020.
［17］ 孙金云. 大学生创业概论与实践［M］. 北京：机械工业出版社，2018.
［18］ 杨红卫. 大学生创新创业实践研究［M］. 北京：群众出版社，2020.
［19］ 张娅，黄应强，姚正大. E+创新创业教育［M］. 北京：中国轻工业出版社，2020.
［20］ 高连宏. 高校创新创业教育理论与实践［M］. 北京：现代出版社，2019.
［21］ 卢婵江，吴志强，赵立朝，等. 大学生创新创业项目培育教程［M］. 武汉：华中科技大学出版社，2018.
［22］ 易高峰. 数字经济时代创新创业教程［M］. 南京：南京大学出版社，2022.
［23］ 苏白茹. 大学生创新创业基础［M］. 厦门：厦门大学出版社，2019.
［24］ 袁凤英，吴郁芬. 创新创业教育［M］. 北京：国家行政学院出版社，2019.
［25］ 周苏，谢红霞. 创新思维与创业能力［M］. 北京：中国铁道出版社，2017.
［26］ 万生新，姬建锋. 大学生创新创业教育［M］. 西安：陕西人民出版社，2019.
［27］ 顾明远，鲍东明. 创新创业教育研究：国际视角［M］. 上海：上海教育出版社，2019.
［28］ 张云华. 创新创业基础［M］. 上海：上海交通大学出版社，2019.
［29］ 杨彦栋，高广胜，王亚丽. 创新创业基础教程［M］. 长春：吉林人民出版社，2019.